妻のトリセツ

如何理解老婆的脑回路

IHOKO
KUROKAWA

［日］黑川伊保子 著

朱悦玮 译

中国友谊出版公司

前言

了解女性的大脑机制，制定相应的战略

现在越来越多的丈夫开始"害怕妻子"。

很多丈夫提出离婚申请的原因是"遭受妻子的精神虐待"。根据日本的司法统计（2017年）的结果，这个原因已经成为导致离婚的第二大因素，而在2000年这个原因还排在第6位。

精神虐待听起来好像有点夸张，具体来说指的是经常表现得很焦躁，说话刻薄、突然大发雷霆，无论丈夫做什么都会挑刺、冷暴力，否定丈夫的人格等。拿起这本书的老公们，或许多多少少都遭遇过上述的精神虐待吧。

绝大多数的丈夫都不知道妻子生气的真正原因，就算侥幸问出了原因并提出解决办法之后，也无法让妻子的心情变好。这是因为妻子想要的根本不是丈夫提出解决办法。

妻子生气的原因不只是因为"眼前发生的事情"，还有过去相关的记忆全都叠加在一起引发的愤怒之情。

女性的大脑能够将伴随感情的记忆长期地保存下来，并且可以"随时取出"。不同的感情代表不同的颜色，大脑则会根据感情的颜色将记忆分类收纳到一起。当女性的情绪出现波动时，同一种颜色的感情就会像珠串一样被全部提取出来。这种"感情引发的连锁记忆"会使情绪的波动变得更加激烈。

将记忆的珠串一口气全都提取出来的"感情颜色"就像是一个开关，这个开关有消极的内容（恐惧、痛苦、难过等不好的记忆），也有积极的内容（开心、美好、愉快等美好的记忆）。女性的大脑出于一种自我保护的本能而习惯性地容易打开消极的开关。尤其在女性周围存在比自己更加强大的人时更是如此。当女性身边存在需要完全依赖她的弱小生命时，则容易打开积极的开关。"对丈夫非常严厉，对孩子和宠物却十分溺爱"的原因就是母性的本能，男性憧憬的"无尽的温柔"并不是母性。

因此，有时候在丈夫看来可能只是一件"微不足道的小事"，但妻子却将十几年、二十年前的事情全都翻出来，一口气朝丈夫发射几十发愤怒的"子弹"。而丈夫的耐心就在被愤怒的"子弹"击中，并逐渐消亡。

在丈夫眼中的妻子完全不讲道理的怒火，实际上是妻子寻求认可与共鸣的表现。女性的母性本能是与生俱来的，虽然在恋人时期这种"不讲道理的怒火"就已经开始萌芽，但在孕期和哺乳期会表现得更加强烈，并且在育儿期一直持续。有些女性能够理解男性的大脑机制，从而改变自己对男性的期待，不再轻易地发泄自己的感情，但还有些女性却一直对男性抱有期待。"愤怒"的反面是"期待"。越是一心一意爱着丈夫、全心全意为了家庭的女性，这种倾向就表现得越明显。也就是说，越是可爱的妻子就越有可能发生巨大的转变，越是依赖丈夫的妻子这种情况持续的时间就会越长，甚至可能持续一生。

这就是绝大多数男性都不了解的婚姻的可怕真相。因此，我建议广大男性，选择结婚对象时，比起天真可爱的女性，成熟大度的女性或许是更好的选择。话虽如此，但任何女性都会或多或少地产生"不讲道理的怒火"，请男性朋友要清楚这一点。

对男性来说，维持婚姻的方法就是从女性出自母性本能的攻击之中保护自己。稍有不慎就性命堪忧。如果认为家庭是可以悠闲地放松身心的场所就大错特错了，那只是在母亲保护下的童年时代的"家庭"罢了。

本书将从脑科学的角度出发，以女性大脑的结构为前提，解说妻子发脾气的原因，并总结出丈夫的应对方法，可以说是一本了解妻子的说明书，也可以说是帮助丈夫在家庭的战场上生存下来的战术指南。总之，如何扮演好"丈夫"这个角色，对男人来说是非常重要的商业战略，可能是男人一生中最大的事业项目。通过完美地完成丈夫的工作，让妻子发射的"子弹"数量减少一半，就是本书的目标（为什么不将"子弹"数量减少为零？其中的原因我将在后文中详细说明）。

希望通过本书，可以让更多的丈夫以脑科学为基础制定战略，减少妻子打开消极开关的次数，增加打开积极开关的次数。

本书将从最容易遭遇危机的怀孕、生产、哺乳期的战略开始解说，新婚伊始或者妻子正处于孕期的读者朋友一定不要错过。只要掌握了本书介绍的方法，你今后的婚姻生活一定会变得轻松许多。

当然,对于那些已经结婚超过二三十年的夫妻,本书介绍的方法也同样有效。夫妻之间缺乏交流,即便有,也都是妻子严厉的指责等。本书也介绍了许多对于改变这些状况十分有效的方法。

希望这本书能够改善所有丈夫在家中的处境。

目录

第一章
不要留下痛苦的记忆
了解哪些言行会给妻子留下痛苦的记忆

1 能够将几十年的类似记忆
全部激活的女性大脑·····················003

2 最容易形成消极开关的孕期与哺乳期·········004

孕期、哺乳期的妻子伤痕累累　005

以女性朋友的身份交流　007

女性对话的目的在于引发共鸣　007

女性大脑会将他人的经验变成自己的智慧　008

积极参加共鸣大会　010

丈夫表现出共鸣非常重要　011

注意可能会踩雷的话　013

在妻子情绪稳定的时候抚慰最有效　016

3 用商业分析的方法与妻子交流 ... 019

人类为什么容易被性格完全不同的异性吸引　019

意见不同时用利益来说服对方　021

4 丈夫袒护妻子能够大幅缓和婆媳关系 ... 026

缓和婆媳关系的关键在于丈夫　027

母亲和女儿之间也存在紧张关系　029

帮助女儿进行"自我调整"是父亲的责任　030

趁儿子青春期时赢回妻子的心　032

你是否成了儿子合格的"目的地"　033

5 "无名家务"分为两种 ... 036

无名家务让妻子疲于应对　039

妻子需要的是丈夫的理解与安慰　040

自己决定要承担哪些家务　043

失败在所难免，失败时可以装可爱蒙混过关　044

委婉地指出妻子的错误　046

| 6 | **妻子的埋怨是出于对安全问题的担忧**・・・・・・・・047

妻子希望尽量消除家庭内的危险　048

有时候也需要与妻子正面对峙　050

| 7 | **绝大多数的问题都发生在客厅**・・・・・・・・・・・・・・・051

| 8 | **在购物时利用时间差消除双方的压力**・・・・・・・・054

凭借直觉来选择的女性和通过比较来选择的男性　055

比妻子先抵达卖场　056

询问丈夫的意见之后却购买了另一件商品　058

| 9 | **丈夫完全意识不到的"让妻子绝望的话"**・・・・・060

希望心有灵犀的女性大脑　061

| 10 | **开通心理的通信线路**・・・・・・・・・・・・・・・・・・・・・・065

"心理"与"事实",女性对话时的两条线路　066

女性大脑能够巧妙地区分"心理"与"事实"　068

全职主妇的忧郁　070

翻译妻子的违心话　072

第二章

打开积极开关的方法

让妻子的脸上重新充满笑容的方法

1　将消极变成积极的脑科学技术 ················ 077

纪念日是将记忆一次全部释放出来的日子　078

最好提前将计划告诉妻子　079

一次约会能够让妻子快乐一个月　080

惊喜有时候反而会起到相反的效果　082

**2　在普通的日子里能够发挥巨大作用的
语言和行动** ················ 084

女性会将自己及自己认为重要的人放在第一位　085

与感谢相比，表示理解更加重要　087

稍显笨拙的丈夫更可爱　089

善于利用手机发送消息　091

出差时也是发送消息的好时机　092

如果实在不知道回复什么内容就重复对方的信息　094

买礼物回家　095

事先准备一个"幸福礼物"　096

3　无论多大年纪都爱听甜蜜情话的女性大脑······100

在幸福的时刻称赞妻子　101

赞美要把握正确的时机　102

向欧美的男性学习，保持绅士风度　103

喜欢甜言蜜语的女性大脑　105

在对方投出变化球之前用直球来一决胜负　106

4　即便这样也不要离婚的理由··················108

"完成义务"的爱无法打动女性大脑　111

女性大脑的风险规避能力能够拯救丈夫　112

爱唠叨是因为想要一起生活　114

后记　最优秀的丈夫························117

第一章

不要留下痛苦的记忆

了解哪些言行
会给妻子留下痛苦的记忆

1　能够将几十年的类似记忆全部激活的女性大脑

"都不知道过去多长时间的事情,妻子却好像今天刚发生过一样记忆犹新,并且因此数落个不停。"男人在一起喝酒时,经常能够听到这样的抱怨。

正如我在"前言"中提到的那样,女性的大脑会将记忆按照感情的颜色来进行分类收纳,当遇到同一种颜色的感情时,就会打开开关,将同一个珠串上的记忆全都拉出来。比如,丈夫不小心说了句惹怒妻子生气的话,那么妻子就会想起以前丈夫曾经不小心说过的所有得罪自己的话,然后哭着埋怨:"我孕期反应非常严重,整个人都半死不活的时候,你还对我说那样过分的话,你还记得吗?"但在丈夫看来,孩子现在都30多岁了,为什么还要提这些陈年往事?这简直就是无理取闹!

2 最容易形成消极开关的孕期与哺乳期

对很久以前的事情也记忆犹新,并且能够将几十年间的类似事情全都一次回忆起来,这可以说是女性为了养育后代而具备的"标准能力"。

与其他大多数哺乳动物相比,女性每次生产的后代数量很少,在育儿上总是会遇到"新问题"。因此人类女性的大脑在经历了几百万年的进化之后,拥有了"面对新问题,能够调动人生全部的记忆来瞬间得出答案的能力"。

例如,夜里孩子突然发高烧,女性就会回忆起之前同样发烧的情况,得出"体温很高,而且脸色苍白,这和之前的情况完全不同,应该叫救护车"的结论,会确认现在的状况。女性不仅会回忆起孩子之前出现的类似情况,还会将与其他母亲交流获得的经验,以及自己小时候的记忆全部动员起来,然后判断自己现在应该怎么应对当前的状况。

也就是说,女性的大脑是能够将过去的相关记忆瞬间回忆起来，并用来解决眼前问题的随机应变的大脑。

尤其是伴随着恐惧、痛苦、难过等危险状况的体验记忆，作为保护孩子的"应该在关键时刻发动"的重要信息，在孕期和哺乳期最容易形成消极的开关。因此，在这段时期丈夫对妻子造成伤害的言行，会成为妻子一生的痛苦记忆和伤痕，并且会被妻子反复地提起，永远也不会被忘记。

孕期、哺乳期的妻子伤痕累累

在应对孕期、哺乳期形成的消极开关时，妻子正处于孕期和哺乳期，以及孩子已经长大成人，妻子的孕期和哺乳期已经成为过去式，针对这两种情况，丈夫需要采取不同的方法。

首先来看妻子处于孕期和哺乳期的情况。

在孕期和哺乳期，雌性激素的分泌量会出现非常大的变化。

孕酮是促进胎盘生长保证胎儿营养供给，缓解子宫收缩防止流产以及促进乳腺发育的重要激素。孕酮的分泌高峰期为孕期8~9个月，之后逐渐减少，生产后会迅速减少。

此外，孕期女性的脑垂体前叶会分泌催乳激素。虽然孕期分泌的雌激素对催乳激素有抑制作用，但在生产之后进入哺乳期时，随着婴儿对乳头的吸吮刺激导致催乳激素的分泌会变得更加活跃，从而促进母乳分泌。

除了激素的变化之外，进入孕期的女性为了给胎儿和胎盘输送足够的营养，整体循环血液量会增加约40%。随着胎儿的发育，需要补充大量的铁元素。因为胎儿不会考虑母亲的营养状态，只会持续从母体吸收铁元素，如果母亲无法通过饮食补充足够的铁元素，胎儿就会吸收母体存储在肝脏和脾脏之中的铁元素，一旦母亲体内的铁元素减少，就会引发缺铁性贫血。在生产之后，包括铁元素在内的各种营养元素都会以母乳的形式继续输送给婴儿。

说了这么多，我想要表达的一点就是，在哺乳期的妻子处于激素分泌剧烈变化、睡眠不足、身体异常虚弱的伤痕累累的状态，所以应该给予其充分的理解和支持。

以女性朋友的身份交流

在这一时期，女性的大脑根本没有闲暇去考虑男女之间的情爱。而且对于与幼小可爱的宝宝共同度过一天的妻子来说，下班归来的丈夫这一存在本身就非常难以接受。

很多丈夫在工作了一天回到家里之后，又遭到妻子的冷淡与嫌弃，对此心生不满，导致夫妻关系出现裂痕。但这只是因为妻子在伤痕累累的状态下出现的暂时性的心理变化，如果丈夫能够知道这一点，就不会对妻子的态度感到生气了。在这个时候，丈夫应该收起自己的男性气质，以女性朋友的身份与妻子进行交流。

女性对话的目的在于引发共鸣

那么，怎样才能"以女性朋友的身份交流"呢？或许很多男性都不知道应该怎么做吧。

当你的妻子与女性朋友聊天的时候，是不是经常很夸张地说"没错没错！""我知道、我知道"之类的话来随声附和？比如其中一个人说："我在车站下楼梯的时候因为没站稳差点摔下去。"于是其他人立即附和道："哎呀，真吓人！是不是因为脚尖绊到楼梯了。""没错没错，真的是好危险啊。"紧接着，几个人又毫无来由地将话题转到昨天去过的餐厅上了。

对于认为交流的目的是解决问题的男性大脑来说，完全无法理解女人之间的这种对话。如果对方说"在楼梯上没站稳，结果摔下去受伤了"，这样还能理解，但"虽然没站稳，却并没有摔下去"这种毫无意义的话，对男人来说只会感到无聊。男人的第一反应是给出"不要再穿那种鞋跟很高、前面很尖的鞋子"之类的建议。

女性大脑会将他人的经验变成自己的智慧

这些在男性看来毫无意义的对话，对女性来说却有着非常重要的意义。

女性大脑最大的特征就是具有非常强烈的共鸣欲求。通过获取他人随声附和的共鸣，女性的大脑能够减轻恐惧、悲伤、痛苦、寂寞、难过等负面情绪。反之如果得不到共鸣，女性的心情就会变得极其低落，甚至连免疫力也会下降。

另一方面，共鸣也是女性大脑知性行为的核心。前文中说过，女性的大脑会将体验数据（记忆）与感情联系到一起，当产生某种感情的时候，与这种感情相关的所有体验数据都会像珠串一样被拉出来。有趣的地方在于，只要女性在感情上产生了共鸣，即便是他人的体验，也可以将其像自己的体验一样存储在记忆之中。也就是说，女性通过共鸣这种行为将他人的体验也变成了自己"关键时刻能够用上的智慧"。

当女性朋友之间因为"下楼梯时候没站稳，差点摔下去"产生共鸣之后，自己在穿着细尖高跟鞋下楼梯的时候就会无意识地扶住把手，避免摔倒。这种看似毫无意义的对话，却在无形中保护了女性不会受到伤害。男人们眼中"女性之间无聊的对话"，或许将来会在保护孩子和照顾丈夫的时候派上用场。女性之间的对话都是"有意义"的。

女性的大脑完全能理解这些"无聊对话"的重要性。因此当别人说起自己的体验时，女性会感同身受地随声附和（作为对方送给自己智慧的礼物的回报），然后将对方的"智慧的礼物"变成"关键时刻能够用上的智慧"储存在大脑之中。这就是女性之间闲聊的真相，可以说是非常知性的行为。

女性之所以感觉和男性之间的对话非常无聊，就是因为男人们从不将"发生在自己身上的微不足道的小事"作为智慧大礼赠送给女性。其实男性只需要说一些日常发生的事情就足够了，比如"今天我想泡点茶喝，结果却没有热水。大白天的水壶里却空空如也，真是受不了"。即便是随便抱怨几句也很有价值。

积极参加共鸣大会

这个时候，如果妻子提醒一句"是不是新来的员工有什么事所以忘记了"，丈夫回答"啊，让你这么一说确实如此"，并且心情平复下来，就会使妻子感觉自己"参与了丈夫的人生并发挥了作用"，使婚姻的满意度得到提升。

即便没有任何解决办法，女性也一定会随声附和地说："竟然有这种事，真过分。现在的年轻人靠不住啊！"与丈夫的抱怨产生共鸣。女性认为共鸣能够减轻压力，所以表现出共鸣就是送给对方大脑最好的礼物。

也就是说，女性之间的对话，就是将自己"日常中微不足道的体验"送给对方，然后对方用共鸣作为回礼的共鸣大会。而男性在这方面却不会送出任何礼物。很多男性认为，妻子在家照顾孩子劳累了一天，肯定不愿意听自己抱怨公司里的无聊事情。而且对男性的大脑来说，共鸣并不是什么礼物，解决问题才是。因此，男性很少表现出共鸣，而是直接提出解决问题的办法，比如，"只要这样做不就好了吗？"或者"这种事最好不要做"。

但在女性看来，男性的这种反应是"不关心我""根本没听我说话""只会一味地否定"的表现。

丈夫表现出共鸣非常重要

综上所述，以女性朋友的身份与妻子交流，具体做法就是将"牢骚或小发现"当作礼物送给对方,当对方"闲聊"的时候充分地表示出共鸣,缓解对方的压力。对男性来说,自己主动提供话题可能比较困难,因此可以先从表示出共鸣开始。当然,就算没有真心地产生共鸣也没关系,只要做出产生共鸣的样子就行了。

比如丈夫到家之后,妻子说:"××(孩子的名字)不肯睡觉还哭,我只能一直抱着,腰都要累断了。"在这个时候,丈夫应该怎么回答呢?

① 总抱着都给他惯坏了,下次就算哭也别抱。
② 明天去医院看看你的腰。

这两个回答都不正确。
①是将"抱孩子"当作问题,并提出了"不抱"这一解决方法。而②则是将腰疼当作问题,提出了"去医院"这一解决方法。但妻子想要的回答是:"今天抱了一天?那腰肯定受不了啊。真是太辛苦了。"

接下来丈夫只需要一边说"嗯嗯、我知道"或者"哎呀，太辛苦了"，随声附和，一边听妻子抱怨就行了。

虽然装出共鸣的样子对男性的大脑来说是一种负担，但总比踩中妻子的"地雷"让她一整晚都以泪洗面要好得多（而且这件事还很有可能被妻子记一辈子）。哪怕很麻烦，丈夫在妻子处于孕期和哺乳期的时候也要扮演好"女性朋友"的角色，这样在妻子的心中就会留下"在我最需要帮助的时候，丈夫很温柔地对待我"的记忆。以后哪怕丈夫不再继续装出共鸣的样子，妻子也会认为"虽然他看起来很冷漠，但其实是个非常温柔的人"。

希望男性朋友能够牢记这一点，与妻子共同渡过孕期和哺乳期的难关。

注意可能会踩雷的话

在女性非常需要共鸣的这一时期，很多丈夫不但没有与妻子产生共鸣，甚至还因为粗心的言行给妻子造成一生的伤害。尽管丈夫本身并没有恶意，但下面这些话还是会踩雷。

妻子正因孕吐而难受的时候,说:

"我妈说孕吐不是病,没什么大事。"

"这其实是心理作用。"

"要是受不了那个味的话就别做饭了,我吃完饭再回来。"

在妻子生产之后,说:

"感觉一下子就结束了呢。"

"生得这么轻松太好了。"

"你刚才的表情可太逗了(笑)。"

在妻子哺乳期时,说:

"你今天一天都干什么了?"

"没做饭吗?"

在妻子因为家务和育儿的辛苦而抱怨时,说:

"我比你更辛苦啊!"

"难道我没帮你吗？"

"你可是一整天都在家里待着啊！（所以这点事根本不算什么吧。）"

晚上婴儿哭泣不止的时候说：

"反正你白天也跟他一起睡觉，晚上不睡觉也没问题吧。"

丈夫在说出这些话的时候可能并没有想那么多，但这对冒着生命危险生孩子的妻子来说却是巨大的伤害。

当妻子因为孕吐而难受的时候，丈夫为了照顾妻子的感受而选择在外面吃完饭才回家或者买便当吃并不是正确的做法。对于行动不便的妻子来说，丈夫就是她唯一的依靠，因此丈夫应该询问妻子想吃什么、想喝什么，然后尽可能地去满足妻子的愿望。

对于冒着生命危险生孩子的妻子，丈夫绝对不能说"很轻松"之类的话。

对处于育儿期的妻子指手画脚地提供建议也是大错特

错。孩子哭个不停、不睡觉、不喝奶、不长重量，自己没时间做家务，拥有很强责任感的妻子本来就因为这些事情而感到非常焦躁，并且对做不好这些事情的自己充满了强烈的愤怒之情，如果在这个时候丈夫还对妻子横加指责，只会将妻子推进绝望的深渊。

如果看到妻子在凌乱的房间里哭泣，丈夫应该温柔地抱住妻子说："不要担心，我来想办法收拾。"如果妻子没做饭，丈夫可以自己从冰箱里拿出速冻乌冬面和鸡蛋做一份鸡蛋面。只需要这些小事，就可以极大地减轻妻子的压力，让妻子的消极记忆转变为积极记忆。

在妻子情绪稳定的时候抚慰最有效

看到这里，男性朋友们是否回忆起自己曾经都踩过哪些雷呢？如果你们的妻子时至今日仍然因为一些事情记恨你们，我还有关闭消极开关的方法（遗憾的是这种方法并不能一劳永逸，妻子以后很可能还会再次打开消极开关）。

这种方法不能在妻子十分愤怒的时候使用。此外，"怎么又提起那件事了！（叹气）""你要我道歉多少次才满意啊！（愤怒）"这些话都绝对不能说。因为这些话对妻子来说简直是火上浇油。

首先请男性朋友记住一点：妻子发脾气是因为现在受到了伤害。无论她说的是一周前发生的事，还是30年前发生的事，妻子之所以发脾气，是因为她现在感觉自己受到了伤害。

因此，正确的解决办法是诚挚地道歉，除此之外别无他法。可能有些男性朋友会说："我都不知道已经道歉多少次了。"但男性在道歉的时候，总是喜欢附带一些原因和理由。

比如约会迟到的时候，男性总是会说："我刚要出门就接到客户打来的电话，来晚了，对不起。"但这完全是一种借口，意思是"来晚了并不是我的错"。女性希望的是男性能够理解自己一个人等待这么久，孤单又寂寞的心情。因此，正确的回答应该是："让你等了这么久，实在是非常抱歉。"

要想抚慰妻子在孕期和哺乳期产生的消极情绪,最好选在两人都情绪稳定的时候。比如亲朋好友生孩子的时候,或者在电视剧里看到有生产场面的时候,丈夫真诚地对妻子说:"生孩子真是非常辛苦的一件事呢。生××(孩子的名字)的时候,你也吃了不少苦头,真是辛苦你了。"

3　用商业分析的方法与妻子交流

丈夫与妻子之间难免会有意见不一致的时候，不只是意见，很多夫妇就连性格都完全相反，比如：一个热情开朗，一个冷若冰霜；一个小心谨慎，一个大大咧咧。这是因为处于热恋期的男女，根据生物多样性的法则，更愿意选择与自己性格完全不同的对象作为伴侣。

地球上绝大多数的生物都将繁衍生息作为第一使命。而通过繁衍后代将遗传基因保留下去的高效的方法，就是"与类型完全不同的对象结合"和"在每次获得繁衍机会时都更换对象"。因为性格的差异越大，遗传基因的多样性就越强，子孙后代生存下去的可能性越高。

人类为什么容易被性格完全不同的异性吸引

据说动物会通过一种叫作信息素的物质来选择共同繁衍后代的对象。信息素是一种与生殖激素共同分泌的带有气味的物质，这种气味的种类与遗传基因中免疫抗体的类型相对应。也就是说，动物可以通过气味来判断自己免疫抗体的类型。

产生信息素的物质叫作"HLA遗传基因"，这种遗传基因可以使人体散发出不同的气味，从而影响异性对自己的感情。有科学研究证明，人类更容易被散发出与自己的HLA遗传基因不同气味的异性吸引。

HLA遗传基因就像血型一样，父母的HLA遗传基因差异越大，子女HLA遗传基因的多样性就越强，免疫抗体的种类越多。因此，遗传基因的差异越大，男女之间的吸引力也就越大。

免疫抗体的类型决定个体的特点。与不同类型的异性繁衍后代，能够增加子女特点的多样性。简单来说，耐寒的个体与耐热的个体繁衍出的后代同时具备耐寒与耐热的特点。无论地球未来变热还是变冷，后代都能生存下去。因此，小心翼翼与大大咧咧、急性子与慢性子，这些在性格上看起来完全相反的夫妇，从遗传学的角度上来说却是最合适的。

反之，喜欢同样的食物、同样的电影、就连笑点都一样的夫妇，虽然相互之间很少发生争吵，能够建立起非常亲密的伙伴关系，却难以产生性欲的冲动，很少进行性行为。

意见不同时用利益来说服对方

接下来让我们进入正题。

即便是性格完全不同的一对夫妇，在面对子女的教育、人情往来、买房买车等家庭问题的时候，也必须达成一致。如果两人总是各执己见、互不相让的话，最终很有可能爆发争吵。在这种时候，怎样才能在不打开妻子消极开关的前提下解决问题呢？

首先，可能很多男性都没有发现，自己会习惯性地采取否定的态度。

比如，妻子希望让大儿子参加私立小学的入学考试，而丈夫却希望大儿子去公立小学就读。妻子刚说出"我想让大儿子参加私立小学的入学考试"这个想法,丈夫就立刻反驳说"根本没必要考试""我们家哪有这种闲工夫""上私立学校的话家长很累的"。妻子一直说自己主张的优点,丈夫则一直说对方主张的缺点。这样下去,双方永远也无法达成一致。

在这种时候,男性不妨想一想自己最擅长的"商业分析"的方法。

① 针对双方的提议分别列举出优点和缺点。
② 实际调查验证。
③ 不要试图用优点掩盖缺点,应该告诉对方这样做能够获得什么好处。
④ 根据上述内容得出结论。

接下来,我将以"妻子想让孩子参加私立入学考试""丈夫想让孩子去公立小学"为例解说。

面对一心想让大儿子去私立小学念书的妻子,丈夫最初的想法是:"如果让大儿子去私立小学,那老二和老三也必须要去私立小学。但家里的经济状况根本负担不起，而且自己并不认为应该付出如此大的代价送孩子去私立小学念书。自己本身就是从公立学校毕业考上国立大学的，所以孩子在小学和中学时候念公立学校完全没问题。"

丈夫的想法本身并没有错，问题在于他的想法完全否定了妻子的主张。这只会引发妻子的抵触情绪。在这种时候，应该和进行商业分析时一样，列出去公立学校的优点和缺点，以及去私立学校的优点和缺点，并进行验证。

实际的操作就是：

① 妻子可能对公立学校有偏见，因此夫妇二人应一起去私立小学和公立小学参观。与校长当面交流，并且调查学校周围的环境。

② 向在公立小学和私立小学就读的亲朋好友询问实际的情况。公立最大的优点在于离家近，而且附近有很多同学可以一起玩。私立的话，放暑假的时候很难找到同学一起玩。公立的缺点在于教学水平比私立差一些，上初中和上高中都需要考试。

③ 夫妇二人认为男孩即便长大之后可能去别的城市发展，但至少在回到家乡时应该有一群死党和伙伴。因此，小学最好在家附近的公立小学就读。

④ 夫妇二人在公立小学周围的公园里看到许多小学生在里面开心地游玩。

综合上述的分析，在得到妻子理解的基础上，夫妇二人决定让大儿子去公立小学就读。

在说服妻子的过程中，③发挥了巨大的作用。当对方的主张存在缺点时，不应该用"私立的学费太高，我们没必要勉强自己"这种观点来进行反驳，而是应该提出这样做能够获得怎样的好处。

这种方法也可以用在日常生活中。比如，休息日夫妇二人一起外出，到了吃饭的时间，妻子说想吃意大利面，丈夫则想吃荞麦面。那么丈夫不应该一味地强调"油太多""容易胖"等意大利面的缺点，而是应该强调"这家店的新口味荞麦面，只有在这个时候才能吃到""还有很好吃的小菜，搭配你喜欢的日本酒很合适"之类能够让对方感到愉悦的优点，这样更容易得到妻子的认可。

尽管这种方法有些麻烦，但却十分有效。如果希望自己的提议能够得到妻子的采纳，就一定不要忘记用商业分析的方法与妻子交流。

4 丈夫袒护妻子能够大幅缓和婆媳关系

对于男性来说,有一个看不见的隐形问题,那就是家庭内的女性关系问题。

女性的大脑能够全面感知半径 3 米范围内的空间,并且在无意识中进行支配。如果无法按照自己的想法控制这个空间,女性就会因为"失控"而感到不安,并形成压力。

婆媳之间之所以会出现摩擦,就是因为双方在"控制领地"上发生了冲突。一个优秀的妻子,对厨房和起居室的每一处地方都了如指掌,并且在无意识中完全控制这些地方。如果她自己摆放的东西变了位置,或者自己习惯的移动轨迹遭到阻拦,都会使她倍感焦虑。有时候,妻子甚至不让自己的丈夫擅自进入自己的领地。

越是优秀的儿媳越会将自己的规则带到丈夫的家中,而婆婆对于这一点却是难以忍受的。但话说回来,如果儿媳什么也不做的话,婆婆也会感到不满意。而男性对于女性之间的这种没有硝烟的战争往往感觉束手无策。

聪明的儿媳会小心翼翼地进入婆婆的领地，并自然而然地增加两人的共同规则。聪明的婆婆则能够回忆起自己做儿媳时候的辛苦，于是包容自己的儿媳。总之，婆媳之间的关系考验的是双方的智慧和态度。事实上，不仅婆媳之间，就连母亲和女儿之间也存在类似的冲突关系。

缓和婆媳关系的关键在于丈夫

身为丈夫，绝对不能用"关键在于相互理解"之类的话对妻子进行说教。因为看不见女性领地的人没有发言权。

但是，正因为看不见女性的领地，所以丈夫才能够成为缓和婆媳关系的关键。

当妻子跟随丈夫来到公婆家的时候，就算公公和婆婆不会故意刁难，她也会感到很有压力。因为如果自己擅自行动，可能会惹得婆婆不快，但如果什么也不做，又会被婆婆认为"懒惰"。被深爱的丈夫的父母讨厌会很痛苦。因为这种距离感很难掌控，所以妻子会有很大的压力。这种两难的困境，可不是丈夫一句"不用在意"就能轻易化解的。

但如果丈夫能够自然而然地介入到婆媳之间,就可以缓和双方的紧张关系。比如在准备晚饭的时候,丈夫抢先一步进入厨房对自己的母亲说:"妈妈,需要我帮忙吗?"然后再招呼自己的妻子说:"你来看看,我妈正做凉菜呢。"这样就可以使妻子自然而然地进入婆婆的领地。

即便被妈妈说"你平时在家竟然也要做家务吗?真可怜啊!"也可以用"妈,你那都是什么年代的思想了?从脑科学的角度来看,擅长做家务的男人更容易在事业上取得成功"这种说辞来回答。

此外,对于和丈夫一样需要上班的妻子来说,她更希望能够不受长辈的影响,悠闲地度过珍贵的假期。对丈夫来说能够彻底放松身心的父母家,对妻子来说却是比职场更加让人精神紧张的地方。因此,身为丈夫带妻子回自己父母家之前,最好事先和父母打声招呼:"××平时又要上班又要做家务很辛苦,这次来我们家就让她好好休息一下吧。你们要像对待自己的亲生女儿一样对待她。"

婆媳之间的紧张关系有时候只需要一句话就可以缓和,

但这句话无法从儿媳的口中说出来。如果母亲（婆婆）也不说的话，那就必须由儿子（丈夫）说出来。

母亲和女儿之间也存在紧张关系

家庭内还有另外一个女性与女性之间的问题。

那就是母亲和女儿之间的问题。

女性自从出生开始，右脑与左脑之间的联动就非常频繁，能够清楚地认知自己感觉到的一切。女性在很小的时候就能够认知自己的感情，可以说一个4岁的小女孩就已经拥有和成年女性同样的自我意识，知道自己是什么人，自己现在想做什么，一旦提出自己的主张就绝不让步。同时也知道如何赢得他人的欢心。

不仅如此，女孩对自己感兴趣的对象的观察力也不容忽视。在母亲自己意识到之前，女儿就会说出"妈妈，你是不是胖了"（事实上真的胖了），或者"妈妈之前可不是这样说的"之类的话。

也就是说，女儿对母亲来说既是亲密的女性朋友，也是非常难以对付的同居人。

当妻子和女儿出现对立时，丈夫能够做出的选择只有一个，那就是站在妻子的一边。就算女儿的主张是正确的，在承认女儿正确的同时也要严肃地提醒她："即便如此，你也不能用那样的语气对妈妈说话。"

妻子和孩子之间出现对立，大多是由于妻子惩罚孩子的懒惰、限制孩子的欲望而引起的，一般来说妻子都是正确的。但平时也经常被妻子批评的丈夫，往往忍不住对孩子说"你的心情我也能理解"之类的话。因为看到孩子能够理直气壮地指出妻子主张中的错误，丈夫也会感到一阵暗爽。

但丈夫的这种做法不仅不能使女儿的未来变得更幸福，还会对儿子的未来造成不好的影响。

帮助女儿进行"自我调整"是父亲的责任

女孩在 4 岁时就已经拥有相当于成年女性的自我意识，如果不加以限制，到了青春期时，这种自我意识会膨胀到难以想象的地步。女孩会认为"自己"比"世界"更加重要，甚至只因为不能自己决定发型便拒绝去学校上学。还有很多青春期的女孩总感觉周围的所有人都在关注自己，无法从这种感觉中摆脱出来，导致自己不敢表露真实的自己，生活在无形的牢笼之中。

如果女孩带着这样的心态走入社会，当因为工作失误遭到责备的时候，就会感觉自己的人格受到了否定，一旦得不到周围的关注和赞扬，就会对自己的存在意义产生怀疑，充满不安。结果，女孩会为了得到他人的认可而一直扮演"好孩子"的角色，迷失自我。

自我意识过剩的女孩，很难拥有幸福的人生。

女孩长大成人的过程，就是将过剩的自我意识恢复到正常水平的过程。身为父亲，必须让女儿拥有客观的视角，让她认识到自己并不像她想的那样吸引他人的关注。

"自己的观点"并不是这个世界所有问题的正确答案。能够让女孩认识到这一点的人，或许只有她的父亲。尤其是在妻子和女儿产生对立的时候，正是让女儿认清这一点的好时机。

父亲应该做的，并不是在妻子和女儿发生争执时裁决哪一方是正确的，而是应该让女儿知道，"无论谁对谁错，当你顶撞母亲的时候，你就已经输了"。

无论女儿多么叛逆，都不会讨厌爱护母亲的父亲，反而会更加认识到父亲的强大与可靠。

趁儿子青春期时赢回妻子的心

当夫妻之间有了儿子以后，安抚妻子女性大脑的责任就落在了儿子的身上。儿子从小时候开始就每天对妈妈说"妈妈最漂亮""我最喜欢妈妈"，稍微长大一点就能帮妈妈拎东西，再长大一些就更懂得照顾妈妈。

即便如此，丈夫也不能把守护妻子的责任完全交给儿子。当儿子进入青春期之后，丈夫就应该重新承担起守护妻子的责任。否则的话，非常不利于儿子的自立。

此外，当儿子反抗妻子的时候，丈夫必须严肃地提醒儿子："不许你对我的宝贝妻子这样说话。"对儿子的叛逆视而不见的父亲，并不会得到儿子的尊敬，反而会遭到儿子的轻蔑。更重要的是，向孩子们宣布"妻子是我最重要的人"，能够深深地打动妻子的心。有很多妻子仅仅因为这一句话会一生都非常依赖自己的丈夫。

如果丈夫能够做到这一点，妻子自然也会关心自己的丈夫，无论发生什么事都会维护丈夫的尊严。这对儿子来说也具有非常重要的意义。

你是否成了儿子合格的"目的地"

男性的大脑拥有强大的空间认知力，对距离和位置关系非常敏感。在没有地图、路标和GPS的时代，男性之所以能够在荒野里进行狩猎并能回到居住的洞穴，凭借的就是与生俱来的空间认知力，这种能力直到今天仍然存在于男性的大脑之中。

据说男孩从出生8个月开始就能够在大脑中模拟从3米高的位置俯瞰自己周围的视角。8个月大的婴儿还不会说话，还是"举高高"的时期，但在这个时候男性的大脑就已经拥有俯瞰的模拟视角了。如果婴儿在一间13平方米的房间内，那么他就能够把握整个房间的布局，以及相互之间的位置关系，并且一边确认自己在房间中的位置，一边玩耍。

上小学之后，有些男孩甚至能够在仅凭回忆的状态下画出自己经常去的公园的俯瞰图。随着年龄的增长，男性的大脑更加擅长组装机械、修建高楼，甚至操纵飞机和发射火箭。

男性在思考与日常生活截然不同的世界观时，使用的也是同样的能力。分析世界经济局势、思考宇宙发展规律，这些都是男性大脑最擅长的事情。

拥有强大的空间认知力并且对位置关系非常敏感的男性大脑，对于人类之间的位置关系也非常敏感。因为男性对上下级的关系很重视，所以当有人做出无视等级的举动时，就会引起男性的强烈反感。

对等级关系非常重视，而且时刻朝着目的地前进的男性大脑，对于目的地的状态也十分关注。展现"目的地"吸引人的地方，是提高男性大脑兴奋度的关键因素。

这一点在家庭之中也一样。如果丈夫努力学习、拼命工作，却遭到妻子的冷漠和白眼，看到这种"目的地"之后，儿子也会对自己今后的人生感到迷茫。如果妻子总是对孩子说"家里最伟大的人就是父亲"，那么儿子的人生态度也会充满热情，对确立儿子的自我意识非常有帮助。

不过，如果丈夫平时对妻子既不重视，也不尊重，突然为了儿子而让妻子支持自己，恐怕妻子也不会答应吧。只有无论在任何情况下都站在妻子的一边，用真诚的态度获得妻子的信赖，才能让孩子们拥有幸福的未来。

5 "无名家务"分为两种

早晨将伍斯特酱汁淋在煎荷包蛋上,上完厕所后用卫生纸擦干净,刷牙时将牙膏挤在牙刷上,在干净的镜子前刮胡子,然后用干净的毛巾擦脸……各位男性朋友,对于自己每天早晨的这些行为应该是习以为常了吧。

2016 年,日本社会生活基本调查·关于生活时间的调查结果显示,在拥有 6 岁以下子女的家庭中,丈夫工作,妻子为全职主妇的家庭中,丈夫每天做家务的平均时间为 83 分钟(家务和育儿时间的总和),而妻子则是 454 分钟。在夫妻双方都工作且有孩子的家庭中,丈夫为 46 分钟,妻子为 294 分钟。通过上述数字不难看出,许多妻子之所以提出离婚,都是因为对家务分配感到不公平。

洗衣服有洗衣机、扫地有扫地机器人、洗碗有洗碗机,可能现在很多丈夫都认为"做家务也没什么难的"。但除了做饭、洗衣服、扫地、擦窗户、扔垃圾等"有名字的家务"之外,还有很多"眼睛里看不到家务"的丈夫几乎完全觉察不到的"无名家务"。

比如在"丈夫负责的家务"之中排在前几位的"扔垃圾",一般指的是将已经装在垃圾袋里的垃圾拿到垃圾场去扔掉。但实际上将垃圾收拾到垃圾袋里扔掉,然后更换新的垃圾袋却包含以下一系列的流程。

① 根据垃圾分类方法准备多个分类垃圾桶,再按照家人的生活习惯将分类垃圾桶放在合适的地方。

② 根据垃圾分类准备相应的垃圾袋。

③ 记住分类垃圾的处理时间。

④ 将垃圾分类并装进相应的垃圾袋内。

⑤ 确认比较私密的垃圾是否能够从外面看到。

⑥ 检查垃圾袋有没有破,会不会弄脏手。

⑦ 将垃圾袋口扎紧,确保垃圾不会掉出来。

⑧ 将垃圾袋拿到垃圾场。

⑨ 如果垃圾桶脏了需要及时清理干净。

⑩ 给垃圾桶换上新的垃圾袋。

对于绝大多数的丈夫来说,"扔垃圾"这项家务只有⑧这一个步骤。但对妻子来说却包含其他9个步骤。更进一步来说,在垃圾分类一项中,需要将垃圾仔细地分类为厨余垃圾、可燃垃圾、不可燃垃圾、可回收垃圾,可回收垃圾又包括易拉罐、饮料瓶(瓶盖另外分类、撕掉瓶身上的标签)、报纸、杂志、纸箱、利乐包、布等等。可回收垃圾还需要清洗干净、压扁、捆好。

洗衣服也不是只要将脏衣服扔进洗衣机,干净的衣服就会直接跳出来。洗衣服之前需要根据衣物选择合适的洗剂,将白色的衣服和有颜色的衣服分开,将需要强力洗涤和轻柔洗涤的衣服分开。领子、袖口等污渍比较多的地方,还有袜子,在放进洗衣机之前还要先用手洗一遍。衣服洗好之后要一件一件地抖开晾干。有颜色的衣服需要翻过来晾干。

时刻关注调味料和日用品的使用情况,在用光前及时更换并保证库存的充足,这些无名家务也都是妻子在默默地完成。

除此之外,妻子们每天还经常"顺便做家务"。去上厕所的路上顺便将放在客厅桌子上的水杯拿回厨房，刷牙的时候顺便擦镜子，出门之前或回家之后顺便把放在玄关处的鞋子擦干净收进鞋柜里……如果将这些顺便做的家务全都列出来的话，恐怕要用很多篇幅才能写完。

无名家务让妻子疲于应对

这些家务在孩子出生之后会急剧增加，并且完全无法控制。当妻子想要做某件家务时，孩子忽然将手里的玩具扔掉，如果不帮忙捡回来就大声哭闹。刚起身想去做家务，孩子就把牛奶弄洒了。好不容易开始做家务，孩子忽然吐了或者拉了便便……结果妻子只能眼睁睁地看着无名家务越堆越多又无能为力，因此压力也越来越大。

在这个时候，丈夫还经常做出给妻子添堵的行为。比如摆在眼前的脏水杯也不会顺便拿到厨房洗干净，喝完水之后随手将水杯放在一边，给妻子增添家务。

如果调味料和日用品用完了，丈夫只会理直气壮地说："老婆，酱汁没有了，前天就没了。"

妻子生气的是，丈夫明明发现了这些无名家务（实际上并没发现），却认为这些事就应该由妻子来做。就算妻子知道丈夫看不到这些家务，也仍然会感到非常生气。

总之，妻子被这些总也做不完的无名家务压迫得喘不过气来，心中充满了绝望。

妻子需要的是丈夫的理解与安慰

从脑科学的角度来说，如果在做家务这方面要求男性的大脑达到与女性大脑一样的等级，那么男性感到的压力会是女性的3倍以上。男性大脑与女性大脑相比，对行动顺序的思考要短得多。女性的大脑能够轻而易举地思考出像"去厕所的时候顺便把这里的东西带到那边，然后去上厕所，回来的时候顺便把那件事做了"这样比较长的行动顺序，而男性的大脑为了认知空间和察觉危险而一直在激活神经信号，所以对行动顺序的思考能力较低。如果不得不使用这种较低的能力，当然会使男性产生更多的压力。

以上厕所为例，男性的大脑只能思考出"去厕所、方便、出来"的行动顺序,将水杯送到厨房的行动,也只有"拿起水杯、送到厨房、回来"。如果妻子对丈夫说"你去做这件事的时候,顺便把那件事和那件事也做了",会给丈夫造成巨大的压力。当然这样说或许也很难得到妻子的理解。

因为男性的大脑结构使得男性完全无法处理无名家务,所以要想让丈夫帮助妻子一起与无名家务战斗几乎是不可能完成的任务。但为了防止妻子不断积累的怒火在某一天彻底爆发,丈夫还是应该每天尽量安抚妻子。

比如夏天中午时分妻子在厨房煮面条的时候,可以对她说:"这么热的天在厨房做饭,辛苦你了。"休息日一起去买东西的时候,可以说:"带着孩子的话,就连拿一盒牛奶都如此不方便。你总是一个人带着孩子,真是辛苦了。"甚至可以让自己的妈妈做一次反面教材:"你又要照顾孩子,又能把家里收拾得这么干净,真能干。我妈就总是把家里弄得乱七八糟的。"就算妻子什么都没做好,也可以安慰她说:"你总是带着笑容陪伴在我的身边,让我感到很安心。"

总之，要去安抚她，感谢她。

这样的安抚不必每天都做。如果每天都这样说，反而让人感觉是虚伪的谎言。就算一个月一次也没关系，只要不忘记就好。

如果想让自己变成更加优秀的丈夫，那就尽量去感知"无名家务"的存在。休息日的早晨，往鸡蛋上淋伍斯特酱汁的时候，可以装作若无其事地说："仔细想来，这个酱汁从来都没用完过，真是了不起呢。"接下来，妻子就会很生气地说"你可能都没注意到……"，然后将无名家务一项一项地列举出来。

趁此机会向妻子提出，将这些无名家务之中的一部分交由自己来承担吧。

保证猫砂的库存充足、保证冰箱的制冰机里一直有水、发现餐桌上摆着需要冷藏的食品就立刻放进冰箱收好，这些都是丈夫力所能及的无名家务。

发现丈夫注意到"无名家务"并且理解自己的辛苦，妻子会感到非常高兴，如果丈夫还能帮忙分担一些的话肯定会让妻子喜出望外。

但身为丈夫不能对妻子的反应有过度的期待。最多只能认为"发射的 10 发'子弹'减少为 7 发的程度"。不过即便如此,也能极大程度地减少妻子定期大爆发的次数。

自己决定要承担哪些家务

下面是我列举出来的丈夫也能完成的无名家务。

- 买大米(大米很沉,妻子搬运起来比较费劲。而且大米的购买频率较低,不会给丈夫造成太大的压力。像牛奶之类的生鲜食品因为购买频率很高,丈夫可能会忘记,所以最好不要主动提出承担这部分家务,但如果妻子提出请求的话一定不能拒绝)。
- 买猫砂(同上)。
- 保证冰箱的制冰机里一直有水。
- 买咖啡(像咖啡之类的嗜好品很容易库存不足,有丈夫帮忙想着的话妻子能轻松不少)。

- 每周在厕所里喷一遍防霉药。
- 每天早晨给宠物喂食、喂水。
- 每天早晨给阳台上的植物浇水。
- 保持洗手池的镜子干净。
- 烤肉（因为妻子总是需要同时处理许多家务，所以像烤肉这样需要集中注意力的家务由丈夫来负责的话会帮妻子减轻不少压力）。
- 煮面（同上）。
- 泡咖啡（同上）。
- 睡觉前淘米并放进电饭锅里定好时间（这样可以解决第二天早晨的一件大事，对妻子来说非常有帮助）。

能够发现自己家独有的无名家务并承担下来，就是最好的结果！

失败在所难免，失败时可以装可爱蒙混过关

虽然自己决定了承担家务并且对妻子做过保证，但有

时候也会不小心忘记。当因为忘记做家务而被妻子责备的时候，切记绝对不能因此而发火。

当丈夫主动提出帮忙承担家务的时候，妻子就已经得到了极大的满足，因此就算丈夫偶尔忘记几次，妻子也不会大发雷霆。

但如果是妻子反复提醒"今天一定别忘了做"的家务，丈夫却忘记了，那就要另当别论。因为反复提醒之后还忘记了，在女性看来就意味着"我对你来说一点也不重要"。即使只是忘记买牛奶这一件小事，也可能让妻子开始对自己的存在意义产生怀疑，所以一定要特别注意。

当出现这种严重失误的时候，有一个可以从妻子的怒火之中全身而退的方法。首先，因为事情已经发生了，所以不能找任何借口，必须真诚地道歉。但在道歉的时候可以故意夸张一点，比如故意露出非常悔恨的样子，懊恼地说："哎呀，我怎么就给忘了呢，怎么办啊，气死我了……"

一个上了年纪的大叔因为失败而垂头丧气的样子会显得很可爱，如果逗得妻子笑着说"一把年纪了还这么幼稚"，就是丈夫的成功。虽然这个方法经常使用会使效果大打折扣，但在关键时刻请不要忘记这个方法。

委婉地指出妻子的错误

指出妻子的错误时也要讲究方式方法。比如丈夫在冰箱里发现已经过了保质期的食品（按理说男性大脑的特点决定了男性只能看到冰箱里放在最前面的东西，但不知为什么却很擅长找出放在冰箱深处的过期食品）。在这个时候绝对不能立刻义正词严地批评妻子："这怎么都放过期了，真是浪费。"

正确的做法是询问妻子："这个还能吃吗？我吃了没事吧？"如果打算扔掉的话则应该说："我怕你不小心把这个吃了会吃坏肚子，扔了吧？"表现出对妻子的关心，要远远好于直接责备妻子。

6 妻子的埋怨是出于对安全问题的担忧

"你为什么要那样做?"当妻子提出这种难以回答的问题时,丈夫就要特别注意了。这是因为丈夫无意中做出许多让妻子不愉快的举动,引发了妻子的愤怒。虽然这些事情在丈夫看来都是些微不足道的小事,但如果置之不理的话,或许有一天会发展成导致离婚的严重问题。

脱下袜子之后随便扔在客厅的沙发上,上完厕所忘记放下坐便圈,脱掉拖鞋之后随便扔在一边,用完剪刀和指甲刀后随手一扔……当丈夫屡次破坏妻子制定的规则之后,忍无可忍的妻子就会火冒三丈地质问丈夫:"你为什么要那样做?"但在丈夫看来,昨天自己做了同样的事情妻子明明还没说什么,今天竟然就如此生气,完全不可理喻。

每次妻子对丈夫产生不满,就像往水杯里滴一滴水。虽然当丈夫破坏规则时妻子并不会每次都生气,但如果超过了阈值,水从水杯中溢出来,妻子的愤怒就会一发而不可收。

一般在达到阈值之前，妻子会开始没好气地埋怨丈夫。当遭到埋怨时，绝对不能使用"因为太麻烦了"或者"忘记了"之类的借口，必须诚恳地道歉："总是让你提醒我，实在抱歉！"

妻子希望尽量消除家庭内的危险

很多男性不明白为什么妻子会因为这些事情生气，但请换一个角度想一想，妻子不希望家庭中出现的问题，其实都是威胁到安全的问题。

对丈夫来说，坐便圈不管放下还是抬起都无所谓，拖鞋随便一扔也就是看起来不怎么好看的问题。但对妻子来说，如果在坐便圈抬起的时候不小心坐下去，屁股可能会碰到坐便，还有可能卡在里面。如果家里有老人和小孩的话，可能会给老人和孩子造成严重的伤害。

如果妻子一边注意着孩子的动向，一边抱着脏衣服准备拿去洗，有可能会不小心踩到丈夫随便扔在地上的袜子或拖鞋而滑倒。如果忘记盖上浴盆的盖子，孩子和宠物可能会掉进去发生溺水事故。女性的大脑会在无意识之中注意这些可能出现的安全隐患。如果丈夫屡教不改，就会使妻子感到"不安""恐惧"，这种负面情绪在某一天超过阈值之后就会打开消极开关。因为这是无意识的感觉，所以妻子无法条理清晰地对丈夫说明，但女性的大脑却会对这种明显具有高风险的情况产生过激的反应。

对于男性的大脑来说，再也没有比被强迫做没有道理的事情更令人感到不愉快的事情了。妻子的埋怨虽然看起来大多不合情理，但对女性的大脑来说，却是非常合理的。

看到这里的男性朋友，再遇到妻子类似的埋怨时，不要反驳也不要怕麻烦，而是要意识到，这是妻子在无意识之中保护家庭的安全、防患于未然，然后尽量遵守妻子制定的规则。家庭基本上是女人的领地，所以不要违抗家中的女性，这才是最安全的选择。

有时候也需要与妻子正面对峙

不过，有时候为了培养儿子的男子汉气概，也需要打破妻子的规则。比如"男人也应该坐下小便"的问题。从易于清洁的角度来看，妻子的这个观点并没有问题。而且很多男性对这一点也并不在意，尤其是上了年纪的男性，因为前列腺增生，所以坐着更容易尿出来。但也有些男孩因为严格遵守母亲的规则，导致不会站着小便，到了学校之后受人耻笑。在涉及"男性尊严"的问题上，丈夫应该打破妻子的规则。

玩耍时弄得浑身脏兮兮，房间里的玩具扔得乱七八糟，这些对于提高男性大脑的空间认知力都非常重要。如果妻子对儿子提出"玩具最多只能拿出两个一起玩，拿出第三个的时候就要把第一个收回去"的要求，非常不利于培养孩子的数学思考能力和战略思考能力。在这种时候也需要丈夫站出来说服妻子。

7 绝大多数的问题都发生在客厅

一般来说,都是丈夫对妻子做的家务感到不满意。但不知为何,妻子对丈夫做的家务也会挑三拣四。丈夫虽然笨拙却努力地打扫卫生、清洗餐具,结果却被妻子说"盘子下面还有污渍没洗干净""角落里的灰尘没有打扫"。其实丈夫也希望自己的努力能够得到妻子的认可。

男性的大脑与女性的大脑在结构上有很大的区别。在女性的大脑之中,连接右脑与左脑的脑梁比男性更粗,因此女性的右脑与左脑之间的联动更加迅速。与之相比,男性右脑与左脑的联动则要慢得多。这就导致男性和女性在大脑的性能上出现巨大的差异。

右脑负责空间认知和音乐旋律等"感知力",左脑则负责语言、计算、逻辑思考等"思考力"。左右脑联动更加紧密的女性大脑拥有优秀的直觉力,能够将感知到的心情立刻用语言表达出来。此外,女性还能够准确地把握眼前的一切,就连孩子脸上非常细微的表情变化都逃不过妻子的眼睛。

与之相对的，左右脑联动相对缓慢的男性大脑拥有很强的空间认知力（把握距离感）。能够准确地把握整体结构，但对眼前事物的观察力却逊色于女性。因为男性经常注意不到眼前的事物，所以就算妻子换了发型或者涂了口红，丈夫也很难发现。

更进一步说，男性和女性对颜色、声音的认知，以及嗅觉的感知、味觉的感知、皮肤的触感等都不一样。

即便同样是做家务，男性和女性看到的世界却是完全不同的，所以在做家务时的方法和感觉也完全不同。女性大脑因为不擅长空间认知，所以对于在空间上已经摆放整齐的物品仍然有一种没有整理过的感觉，而且即便丈夫将物品按照一定的顺序分类，在妻子看来仍然好像没有收拾过一样。因此，即便丈夫按照自己的行动轨迹将物品摆放整齐，但在妻子看来却好像是在将东西随便摆放。

盘子背面的污渍逃不过妻子的眼睛，但丈夫却可能根本就没发现。

要想解决这个问题，最好在家庭里划分出丈夫和妻子各自的空间。比如规定哪个房间属于丈夫，哪个房间属于妻子，两个人共同使用的空间就规定哪个部分属于丈夫、哪个部分属于妻子。丈夫和妻子不能对对方的空间指手画脚。

因为绝大多数的问题都发生在客厅，所以可以夫妻双方共同商议决定哪些东西应该放在客厅里。但是，因为妻子在客厅的时间更长，所以应该将主导权交给妻子。而丈夫则应该拥有妻子无权管辖的自己的房间或者专属空间。

8 在购物时利用时间差消除双方的压力

"购物问题"是妻子和丈夫之间永恒的问题之一,这是重视流程的女性大脑与重视目标的男性大脑之间的差异所导致的悲喜剧。

对很多丈夫来说,休息日陪妻子出去购物都是一种折磨。因为丈夫完全搞不明白,为什么妻子明明是来买冰箱的,却不直奔目的地,而是东看看西逛逛呢?

一般来说,女性在时间充足的情况下,绝对不会直奔目的地。拿起中意的包背在身上试一试,把披肩围在身上照照镜子,穿上高跟鞋看一看,然后又走进旁边的家具店坐在沙发上感受一下靠垫的触感。

妻子这种毫无逻辑的行为会令丈夫倍感压力。因为重视目标的男性大脑只希望以最快的时间和最短的距离抵达目标地点。

凭借直觉来选择的女性和通过比较来选择的男性

事实上，这种男性的大脑完全无法理解的行为，在脑科学上却是有意义的。女性大脑中感性领域的右脑和显性意识的左脑的联动非常频繁和迅速，属于直觉脑。在购物的时候也会凭借直觉来做出选择。

为了保持这种直觉所使用的神经纤维比较长。一般人在几厘米到几十厘米不等，有些人的直觉神经纤维甚至长度超过1米。因为将信号突然输入这么长的神经纤维之中会给大脑造成巨大的压力，所以事先需要进行一些准备。在鞋子的卖场挑选高跟鞋，试穿喜欢的款式，或者在宠物用品店里浏览可爱的宠物用品，这些行为都能激活大脑内的直觉信号。当作好充足的准备以后，女性才会来到家电卖场，凭借直觉在一瞬间锁定几个备选的冰箱。然后对这几个选项进行对比，很快做出选择。

而男性的大脑则通过比较来选择。因此，男性会直接来到家电卖场，但接下来却需要花费很长的时间来做出选择。男性首先要掌握所有的商品种类，然后对每一种的规格都进行对比。明明只有15万日元的预算，但丈夫却在仔细分析30万日元冰箱的各项数据，这就让妻子感到非常不解。但男性的大脑总是希望在多个候选项中选出"最好的"，如果没有比较的过程就无法做出决定。也就是说，即便预算是15万日元，但男性仍然要将10万日元的冰箱和30万日元的冰箱都看个明白才行。在把握了整体情况的基础上，男性才能做出最合理的选择。对男性的大脑来说，合理是最重要的因素。

因此，在丈夫看来，妻子"凭第一感觉"做出选择的方法实在是非常不靠谱。当妻子坚定地做出选择之后，丈夫仍然会关心地询问："要不要再看看别的？"但这句话无异于给正自认为做出了最佳选择的妻子当头泼了一盆冷水。

比妻子先抵达卖场

由于男性和女性在大脑结构上的差异，导致本应愉快的购物体验变得一团糟，好不容易能放松一下的休息日也无法放松。为了避免出现这种情况，需要提前做一些准备。我推荐的方法是"巧妙利用时间差"。让妻子在商场里随便逛，丈夫则直接前往目的地，对想要购买的商品进行充分的比较，并且选出几个自己满意的备选商品。

当妻子逛完商场之后也来到目的地与丈夫会合，并且凭借直觉选出自己满意的备选商品。接下来由丈夫根据之前的分析结果，向妻子提出"这款冰箱高出 5 厘米，我们家那地方放不下""这款冰箱有你想要的那种 0℃保鲜功能"之类的建议。妻子的直觉加上丈夫的逻辑分析，就能选出令双方都满意的商品。

利用这种时间差，丈夫不必陪妻子绕来绕去，还能满足妻子激活直觉神经的需求，大家不妨尝试一下。

在本节中我为大家介绍的是夫妻一起购物时的应对方法，但还有另一个让丈夫倍感压力的购物问题，那就是"陪妻子购物"。

询问丈夫的意见之后却购买了另一件商品

来看一个丈夫陪妻子购物的例子。妻子将橙色和米白色的包分别背在肩膀上试了好几次,认真地对着镜子反复观察之后向丈夫问道:"你觉得哪个好?"在这种情况下,丈夫当然要给选择困难的妻子认真地提出建议。于是,丈夫回答说:"米白色的包和你家里的那些衣服都很搭配,而且不管是平时出门还是上班时都能背,所以我觉得米白色更好。"妻子听完也连连点头。

然后妻子将米白色的包放回柜台,拿着橙色的包心满意足地去结账了。丈夫完全想不明白,"既然不打算听我的建议,为什么还要问我呢?"

其实在这个例子中,妻子从一开始就已经看中了橙色的包。但妻子却担心这个颜色对自己这个年纪的人来说太艳丽,与自己的衣服不搭配,等等。在这种时候,妻子就会询问丈夫的意见。因为女性的大脑会在无意识中认为:"丈夫应该会给出比较准确的意见,在听完他的意见之后,我还会坚持自己的选择吗?"也就是说,妻子需要通过丈夫的建议来确认是否要坚持自己的选择。因此,如果丈夫说"我觉得橙色更好",妻子可能反而不知道应该如何选择。由此可见,丈夫的建议也起到了非常重要的作用。

丈夫完全不必因为自己的建议没得到采纳而感到气馁。因为女性对于自己不信任的人,根本连问都不会问。

9 丈夫完全意识不到的"让妻子绝望的话"

在前文中,我提到了丈夫在妻子的孕期和哺乳期绝对不能说的话。除了那些话之外,丈夫平时无意之中说出的话也可能给妻子造成巨大的伤害。其中最有代表性的就是:"你跟我说的话,我就会做的。"因为丈夫完全没有恶意,也没觉得这句话有什么问题,所以总是会不自觉地对妻子说出这句话。

例如,妻子正站在椅子上费劲地更换天花板上的灯泡。丈夫看到之后才想起昨天妻子好像说过灯泡坏了,而且现在妻子脸上一副不开心的表情。当丈夫询问"要我帮忙吗?"的时候,妻子却没好气地回答:"我自己能行。"

等换完灯泡之后,妻子就会对丈夫抱怨说:"既然你知道灯泡坏了,主动把灯泡换掉不就行了吗?"于是丈夫说:"你跟我说的话,我就会做的。"

男性的大脑肯定不知道这句话究竟有什么问题。

希望心有灵犀的女性大脑

女性会将注意力都集中在自己喜欢的对象上，哪怕对象有一点点改变也能第一时间发现，即便对方什么也没说，女性也能知道对方有什么需求，怎样做能够使对方开心。这种能力在养育不会用语言表达的婴儿时能够发挥巨大的作用，"心有灵犀"就是"爱的证明"。

因此，对于女性的大脑来说，丈夫说出"你跟我说的话，我就会做的"这句话，就相当于对方放弃了对自己的关注，意味着"我根本不关心你""我并不认为你很重要"。

男性对于自己重视的对象，会习惯性地履行义务。比如每个月上交工资，每周按时扔垃圾，每天准时回家。这些都是男性"重视妻子"的证明。让男性的大脑做到心有灵犀非常困难，所以"你跟我说的话，我就会做的"，不但是丈夫的真心话，同时也是对妻子的关心。不过在这种情况下，正确的回答是：对不起，我没发现，应该我来做的。这样的说法显得丈夫也在努力做到心有灵犀，对妻子来说有时候相当于一种爱意的表达。

除此之外，还有一些会令妻子感到绝望的话。丈夫在说的时候可能没有恶意，但在妻子听来却会有不同的理解。如果你曾经说过类似的话，那么妻子生气很有可能就是因为这些话导致的。

① "不干不就行了吗？"

当妻子抱怨家务太累的时候，丈夫说出这句话，在妻子听来就意味着"你做的那些事，对我来说并没么重要。就算不做我也不在意"。

② "你说的就是这么一回事吧？"

面对妻子的牢骚，只要说一句"是啊，太辛苦了"，表示出共鸣就足够了。在妻子没有要求的情况下擅自进行总结并提供解决方案只会给妻子增添压力。

③ "只有这些菜了吗？"

丈夫问这句话的意思是想根据自己的饭量决定吃多少菜，但在妻子听来却好像是丈夫在抱怨"只有这么点菜吗?"丈夫正确的做法是不要贸然提问,先观察再行动。

④"你今天都干什么了?"

对于没能按照计划完成家务的妻子来说,这句话听起来就好像是在说:"你在家待了一天,竟然连家务都做不好吗?"

⑤"真羡慕你啊!能一整天都和××(孩子的名字)待在一起。"

对有些妻子来说,再也没有比带孩子更辛苦的事情了。

在上面这些"禁句"之中,④和⑤尤其需要注意。如果妻子是专职主妇或者正在休产假,那么这两句话绝对会对妻子造成严重的伤害。因为之前完全在妻子掌控范围之内的家务,在孩子出生之后也会失去控制。

妻子越能干,丈夫越难以察觉家务劳动的辛苦。因为男性的大脑并不重视过程,所以当丈夫看到妻子动作麻利地完成家务时,只会认为"做家务还真是轻松呢"。于是丈夫就会不经意地说出"专职主妇一定有很多空闲时间吧?""我公司里有一边上班一边带孩子的部下呢",对妻子造成更深的伤害。

能够做到工作和育儿两不误的女性,全都是从一开始就懂得放弃家务,只做优先顺序靠前的事情,而且对于让丈夫分担家务也不会感到有负担的人。但专职主妇不但要照顾孩子,还要一丝不苟地完成所有的家务,每天都非常辛苦。

10　开通心理的通信线路

为什么女性的大脑会将本来毫无恶意的一句话理解成恶毒的语言，并因此而受到深深的伤害呢？

原因在于，男性的大脑和女性的大脑在对话时所使用的通信线路的数量完全不同。

女性的大脑在对话时会使用"心理的通信线路"和"事实的通信线路"两条线路。比如在必须否定朋友所说的"事实"时，女性会首先在"心理"上进行肯定："你的心情我非常理解，如果我是你的话，肯定也会做出同样的选择。但这样做是不对的。"

而男性的大脑则只有"事实的通信线路"，因此会立即得出结论说"这是不对的"。尽管男性这样说并没有恶意，但在女性看来却相当于男性故意切断了"心理的通信线路"。

当女性感到对方切断"心理的通信线路"之后，就会产生出一种自己的存在遭到否定的感觉。这种感觉对女性造成的打击远远超出男性的想象。反之，如果能够让女性感觉到你开通了"心理的通信线路",就能完美地填补男女之间的鸿沟。

无论对事实进行肯定还是否定,首先都要肯定妻子的心理。这是身为丈夫必须牢记的"黄金法则"。

"心理"与"事实",女性对话时的两条线路

女性的大脑在对话时有4种模式。

① 心理肯定 —— 事实肯定

② 心理肯定 —— 事实否定

③ 心理否定 —— 事实肯定

④ 心理否定 —— 事实否定

女性之间在对话时,基本上不会使用③和④的模式。也就是说,无论对事实是肯定还是否定,追求共鸣的女性大脑首先必须在心理上相互肯定,否则对话就无法成立,人际关系也无法建立。

对于曾经发誓会"让自己幸福"的丈夫，妻子做梦也想不到他会从心理上否定自己。但男性大脑因为完全没有区分"心理"和"事实"，所以经常给妻子一种非常冷漠的感觉。

让我们来看一个具体的例子。当丈夫深夜 12 点回到家的时候，妻子立刻对他诉苦说今天自己和中学一年级的儿子发生争执的事情。据妻子说，她因为对儿子的生活态度不满意而训斥了他，儿子却完全不思悔改，于是妻子生气地吼道："你给我滚出去，不要再回来了。"没想到儿子真的骑着自行车就跑了，手机和钱包都没带，直到丈夫回来之前才回家。妻子知道自己不应该对才 12 岁的儿子说"滚出去"那样的话，而且担心儿子在外面真有个什么三长两短，心里充满了不安。

于是丈夫说："你啊，就是有这个毛病。但男孩子嘛，该说的时候就得说。而且他这不是平安回来了嘛。"妻子听了丈夫的话，心里更加过意不去，愈发地没有自信了。

在这个事例之中，丈夫并没有责备妻子的意思。毕竟妻子自己也觉得自己说话有点过火，丈夫只是对妻子的话表示认同而已，而且丈夫也认为妻子批评儿子是对的。再加上儿子平安归来，丈夫对此感到很高兴。那么究竟什么地方出了问题呢？

丈夫使用的对话模式是③，心理否定、事实肯定。但"与女性对话的黄金法则"第一条就是，绝对不能心理否定。

"哎呀，这确实让人担心。不过孩子平安归来比什么都强。"丈夫应该一边这样说一边拥抱妻子对其进行安慰。对于已经感到后悔的妻子，没必要再继续批判。

因此，丈夫不应该说："你啊，就是有这个毛病！"这句话让妻子感觉自己一直以来这么努力地养育孩子所付出的辛苦全都遭到了否定。

女性大脑能够巧妙地区分"心理"与"事实"

能够熟练地区分使用心理通信线路和事实通信线路的女性之间究竟是怎样进行对话的呢？

比如餐厅来了3名中年女性。当她们坐下之后,其中一个人拿起季节限定菜单发现上面有芒果芭菲。

女性A:"你们看!有季节限定的芒果芭菲呢,看起来很好吃的样子。"

女性B:"哎呀,真的!芒果确实很美味。"

女性C:"一点也没错,而且芒果与冰激凌也很搭配呢。"

当三人对芒果的美味进行了一番夸奖之后,B话锋一转说道:"但我要吃巧克力芭菲。"C也说:"我吃糯米丸子。"但在这个时候,A并不会因为其他两人没点芒果芭菲而感到心情失落。对女性来说,这种情况十分常见。首先充分地对A的心理(心情)进行肯定,至于随后做出什么选择则是个人的自由。也就是说,这属于模式②"心理肯定、事实否定"。

哪怕一开始只是违心地随声附和"没错没错,就是这样"也没关系,因为只要心理肯定,事实怎样都无所谓。只要牢记这个黄金法则,就能极大地减少踩中"地雷"的次数,并且让对方更容易接受自己的意见。

这个黄金法则不仅适用于妻子,也同样适用于女性下属。尤其是 35 岁以下的女性,对心理通信线路的依赖程度更高,所以即便在职场之中也需要使用同样的沟通方法。当女性下属拿着自己制作的策划方案请你审查,而你看了一遍之后认为不行,也不能立即否定地说"这个方案不行"。因为这会使对方认为你不仅否定了她的策划方案,甚至还否定了她的人格。

在这种情况下,正确的做法是先肯定对方的一些观点,比如:"这个着眼点不错""这个跟我的意见一致",然后再下结论:"但策划本身还不够成熟,请再继续努力吧。"

全职主妇的忧郁

丈夫不肯开通心理的通信线路,对此感到最为绝望的就是全职主妇。因为有工作的妻子在职场上经常与没有开通心理线路的男性打交道,所以和丈夫交流时即便遭到心理上的否定,也能理解"男人就是这样"。

但对全职主妇来说,丈夫就是妻子日常接触较多的男性，所以如果丈夫从心理上否定妻子，会给妻子造成巨大的心理压力。而妻子越希望丈夫理解自己，越依赖心理的通信线路，结果就越使夫妻之间的交流不在一条线上。

比如无论妻子说了多少次，丈夫还是忘记放下坐便圈。本来如果妻子直接说"你不放下坐便圈的话，我不小心坐上去了会有危险"，就会立刻得到丈夫的理解，但妻子却喜欢使用心理的通信线路，用"为什么不管我说多少次，你都忘记把坐便圈放下呢！你是不是根本不在意我"这种无法回答的疑问句来责备丈夫。

本来应该让妻子认识到这个事实，但因为这本书面向的读者群体是男性，所以我只能向男性朋友提出解决这种问题的方法。解决的方法非常简单，那就是利用"与女性大脑进行对话的黄金法则"之二，使用"你的心情我很理解"这个魔法句型。

当然，你可能实际上并不理解。但只要对妻子说："我这么做让你很不开心吧？对不起，下次我一定会注意的。"如果妻子发现丈夫能够理解自己的心情，那么即便后来丈夫又不小心忘记放下坐便圈，妻子也不会因此而大发雷霆。

妻子之所以总是用无理取闹一般的语言来埋怨丈夫，其实都是为了让对方开通心理的通信线路而做出的努力。因此，无论丈夫的回应是多么"正确的事实"，都无法令妻子满意。

翻译妻子的违心话

女性在使用心理的通信线路交流时，说出的话一般都具有更深层次的含义。在第一章的最后，我就来帮大家翻译一下"妻子的违心话"吧。

"一边去！"
→我感到很伤心，必须给我好好地道歉，安慰我！

"随便吧。"
→如果你敢擅自行动我绝不饶你，必须仔细听我说，按我说的做。

"我自己能行。"

→赶快发现我的想法,如果这都没发现的话就说明你不爱我。

"为什么要这样做?"

→我根本不想听你解释,你的言行对我造成了伤害。

"没事。"

→我可生气了哦,我可哭了哦,你打算不闻不问吗?

"让我一个人静一静。"

→在这种状况下如果真的让我一个人的话,绝对不会放过你。

"大家都说我不对。"

→这是我不对吗?是怪我吗?明明是怪你啊!

"不愿意做就不做。"

→你要是那么不情愿的话就算了。我平时做的家务比这要多好几倍呢。

"别解释了。"
→解释我已经听得够多的了,你只要说"我爱你,按你说的做"就行。

"离婚。"
→这一点我绝对不会让步,你要给我道歉!

第二章

打开积极开关的方法

让妻子的脸上
重新充满笑容的方法

1　将消极变成积极的脑科学技术

在第一章中,我为大家介绍了如何减少消极开关打开次数的方法。在第二章中,我将以"如何制造及打开伴随着幸福的记忆体验的积极开关"为主题展开说明。

女性的大脑不仅会不断回想起消极的记忆,同样也会不断回想起积极的记忆。珍贵的回忆和令人开心的话,能够让女性牢记一生。

身为丈夫,要想顺利地经营好家庭这个自己人生中最大的项目,就必须时刻注意要尽可能地增加妻子打开积极开关的次数。因为男女大脑的差异,夫妻生活之中不可避免地会打开消极开关。而降低打开消极开关的次数的关键,就在于增加打开积极开关的次数。

而且打开积极开关的时机也很关键,只要时机把握得当,甚至可以将消极开关也变成积极开关。

最重要的时机就是结婚纪念日。

纪念日是将记忆一次全部释放出来的日子

男性和女性对纪念日的感情完全不同。对于绝大多数的丈夫来说，结婚纪念日和生日之类的纪念日只不过是"必须买点礼物庆祝一下的日子"。如果是结婚10周年、50周年之类的重要日子，或许丈夫也会有"竟然已经这么久了"的感慨，但像结婚12年之类的纪念日，丈夫则没有什么特殊的想法。

对于更重视过程的女性大脑来说，纪念日是将记忆的珠串全部拉出来的绝佳时机。因此，在这一天拉出来的究竟是积极的记忆还是消极的记忆，将决定妻子对婚姻生活的评价。

如果妻子回忆起的婚姻生活都是不好的事情，那么她就会感觉这段婚姻是失败的，但如果回忆起的都是好事，那么她就会感觉这段婚姻是成功的。只要在结婚纪念日和生日这样重要的日子里让妻子感到丈夫对自己的关爱，妻子就会自然而然地想起"到目前为止的幸福回忆"，但如果丈夫让妻子感觉受到了冷落，那么妻子就会想起"以前所有感到气愤和难过的事情"。

因此，在重要的纪念日，丈夫的表现能够获得比平时放大 1000 倍的效果，这种效果可能是积极的，也可能是消极的。请牢记这一点。

最好提前将计划告诉妻子

为了让妻子能够在纪念日的时候留下更加幸福的记忆，有两个方法。第一个方法就是提前将庆祝的计划告诉妻子。

至少提前一个月让妻子知道下个月的结婚纪念日，你们将一起去那个充满美好回忆的意大利餐厅。（如果没有这样的餐厅，可以选择妻子一直想去的那个餐厅。）关键在于提前给妻子留出做准备的时间。因为在丈夫将计划告诉妻子之后，妻子就会利用从现在开始到纪念日之间的这段时间充分地享受期待的乐趣，这也是女性大脑的特征之一。

女性的大脑会随着时间的推移不断积累情绪，因此非常喜欢这种期待的时间。妻子会在这段时间里反复多次地想起"充满美好回忆的意大利餐厅",然后想象纪念日当天的情景。有的妻子还会趁有时间的时候去逛街给自己选一条合适的连衣裙,再找出能搭配这条裙子的鞋子并擦干净,在纪念日的前几天去美容院做个保养,拿出平时不舍得背的包,去做美甲,等等。

提前几个月告诉妻子要去旅行也可以。妻子会计划去哪里散步,去哪里的餐厅吃饭,买什么土特产,提前买导游手册,在网络上查阅相关资料,想象夫妇二人一起在当地游玩的情景。此外,妻子还要准备旅行时穿的衣服和鞋子、背的包,以及在新干线上要吃的便当。给妻子留出的准备时间越长,妻子享受过程的时间也就越长。

丈夫只需要提前告诉妻子纪念日的计划,就可以创造出一个让妻子期待纪念日的过程。这对重视过程的女性大脑来说具有非常重要的意义。

一次约会能够让妻子快乐一个月

这种方法也可以用在平时的约会上。比如对女性说:

"等梅雨季节过去之后，我们一起去喝啤酒吧。"对方就会开始想象坐在令人心情舒畅的露台上，一边欣赏夕阳一边喝着啤酒的情景。有了这种期待，就连令人郁闷的梅雨都变得可爱起来。

日常生活中也一样。比如丈夫对妻子说："我买了好喝的葡萄酒，这个周末我们一起喝吧。"那么妻子就会开始思考应该准备些什么料理来与葡萄酒搭配，比平时更加认真地打扫卫生，把桌布熨烫得没有一丝褶皱。

越是平时工作繁忙，没有时间与妻子交流的丈夫越应该使用这个方法。因为只要将计划提前告诉妻子，在等待的时间里即便丈夫什么也没做，妻子也会感到非常兴奋并充满期待。

不过，或许也有很多男性担心："提前告知妻子计划，让妻子满怀期待，万一没能按计划进行怎么办？"其实完全不必有这种担心。因为期待的过程就已经让妻子的女性大脑得到了极大的满足，所以即便计划延期，妻子也不会在意。

对于女性的大脑来说，如果每个月约会一次，那么女性会在提前得知消息的 2 周前就开始享受期待的乐趣，并且在约会之后的 2 周之内仍然能够享受约会的余韵。也就是说，只需要每 1~2 个月与女性约会一次，并在适当的时机选择一个周末在家里准备一次稍微豪华的晚餐，就能让女性的大脑感到非常愉悦。

惊喜有时候反而会起到相反的效果

让纪念日变得更有效果的第二个方法是回忆。在纪念日当天，丈夫一定要和妻子一起回忆从前的点点滴滴。"记不记得以前我们有过这样的经历……还有那件事……非常感谢你能一直陪伴我到现在。今后我们还要一直在一起。"

对妻子来说，丈夫能够理解自己一直以来的努力，并且愿意和自己一起回忆从前，再也没有比这更开心的事情了。纪念日是一举扭转妻子对丈夫印象的绝佳时机，各位男性朋友一定要充分地利用起来。

但有一点需要注意，那就是尽管丈夫事先做了充分的准备，但妻子却并不喜欢惊喜。

过生日的时候被邀请去吃晚餐，结果没有任何事先通知就来到了一家超豪华的餐厅。吃完饭之后，服务生送上来一份插着蜡烛的生日蛋糕，同时乐队也开始演奏生日快乐歌，面前还被摆上了事先准备好的玫瑰花束……这么浪漫的场面，女性却一点也不会感到高兴。因为自己穿着与这个场合完全不相符（即便男性完全看不出来）的服装，发型和妆容也不完美，却成为全场的焦点，这让妻子感到非常的羞耻和悲惨。本来她可以有很充足的时间为这么浪漫的场合做准备，选择合适的服装、去美容院做一个完美的造型，可是现在这一切全都毁了。

完全不考虑妻子心情的惊喜，有时候可能会变成一个特大号的消极开关，请务必注意这一点。

2 在普通的日子里能够发挥巨大作用的语言和行动

为了在纪念日的时候有足够多的美好时刻和妻子一起回忆，就需要丈夫在普通的日子里多下点功夫了。

女性无论是在做家务还是工作的时候，眼前都会不时地浮现出爱人的模样。当事情告一段落的时候，女性就会想"他现在干什么呢？"到了中午就会自然而然地想起"他在吃什么呢？"如果出门时看到好吃的点心，就会想到"如果买回去给他吃的话，他一定很开心吧？"这对女性的大脑来说就是"爱"的表现。

而男性在离开家庭之后就完全不会想起妻子。因为一直以来，男性外出都是为了狩猎和战斗，如果在这个时候因为想起妻子的模样而出了神，很有可能被猛犸象踩扁，或者被敌人的弓箭射穿。尽管现代的男性基本不会遇到生命危险，但大脑的这种习惯却仍然保留了下来。处于工作模式的男性大脑不会简单地切换为家庭模式。

女性会将自己及自己认为重要的人放在第一位

正如前文中提到过的那样,男性从婴儿时期开始就拥有在俯瞰视角上审视周围的能力。比如在玩玩具汽车时,男孩喜欢在一定的距离之外对事物的形状和结构进行观察,并且在大脑之中测算距离、想象形状。这有助于提高男性大脑的空间认知能力和培养好奇心。

在男孩忽视"自我",将注意力全都放在玩具上的时候,女孩则通过抱着洋娃娃和玩偶来感知"自我"。感觉自己心情舒畅、感觉自己快乐、感觉自己受到宠爱,这对女孩来说比任何事情都更加重要。

雌性哺乳类动物只有在自己处于健康和舒适的状态下才能繁衍子孙后代。重视自己是为了种族的延续。而延续种族是任何生物最基本的本能。因此,保护自己是雌性哺乳类动物最重要的生存本能。

与男性相比,女性对自身的状态变化更加敏感。稍微冷一点或者热一点,女性都会开始抱怨。肚子饿了马上会感到心情不好，脚疼的话就走不了路。

尽管在男性看来这完全是"娇气""任性"，但实际上这是女性为了保证自己处于舒适状态的责任感。与交配成功后甚至可以当场死亡的雄性不同，雌性在种族延续上肩负着更大的责任。

女性希望自己受到宠爱也是出于同样的原因。保证自己处于最优先的地位，能够提高自己和孩子的生存概率。女性会将自己以及自己关心的人放在第一位，并且会倾注全部的感情和时间对其进行关爱。

因此，女性认为无时无刻都挂念着对方是爱情的证明。但遗憾的是，男性的大脑却更加关注世界和宇宙。男性对自己都不关心，更别提关心妻子了。妻子与自己的距离越近，丈夫越不关心，这就是男性大脑的特点。

但如果你感觉自己与妻子之间的关系非常紧张，希望改善这种关系的话，不妨反过来利用一下女性大脑的特点。

与感谢相比，表示理解更加重要

如果有一天妻子抱怨说："反正我的事都不重要。"这就说明他认为丈夫并没有重视自己。认为"丈夫对自己的事情不关心，也没有感激之情"。

丈夫在询问之后得知，原来昨天晚上他突然参加一个应酬，但忘记给妻子打电话告诉她自己不回家吃饭。妻子加完班疲惫地回到家，立刻急急忙忙地给丈夫准备晚饭，到头来却是白忙一场。

于是丈夫带着半分歉意和半分不耐烦说道："你要是觉得累的话，不做饭也没关系的。晚饭在便利店买回来吃也行啊。"结果这句话给妻子造成了更深的伤害。因为这无异于在说，妻子做的饭完全可以被便利店的盒饭取代。发现说错了话的丈夫急忙改口说："当然我也非常感谢你。"妻子立刻反问："感谢我什么？"这回丈夫一下子变得哑口无言。丈夫向妻子表示感谢，乍看起来非常简单，但实际上难度却很高。如果妻子抱怨丈夫不关心自己，丈夫应该立即回答"千万不要那样想，你对我来说是最重要的"，没有什么不好意思的。

与结果相比，女性的大脑更重视过程，所以为了丈夫和家庭日复一日做的家务对妻子来说十分重要。因此，丈夫也应该对妻子一直以来的付出表示理解，比如对妻子说："一直以来你为了这个家付出的一切我都知道。"

对妻子说出这句话的时机也很重要，最好的时机就是结婚纪念日。因为在结婚纪念日，可以在回忆过去的点点滴滴时很自然地对妻子说出这句话。

结婚纪念日的早晨，可以很感慨地说："喝你做的味噌汤，都已经 20 年了啊！"这时妻子的大脑里就会浮现出自己重复了几千次的做味噌汤的场景。"你为了我一直做的这些事，我全都记得。"丈夫的理解比任何甜言蜜语都更能打动妻子的心。

如果想在平时的日子里向妻子传达这种信息，最好选在"经常有的那个东西"偶尔没有的时候。

比如每天早晨都有妻子亲手做的小咸菜，但因为昨天晚上没腌好，结果今天早餐就没吃到。在这个时候，丈夫就可以说："咦？今天没有小咸菜吗？吃不到你做的小咸菜，就好像没吃早饭一样。"

如果妻子每天都做便当，但有一天因为太忙而没来得及做，那么丈夫下班到家之后可以对妻子说："我今天才发现，原来每天去上班的时候都很期待能吃到你做的便当呢。"

平时都是妻子帮忙冲泡咖啡，偶尔自己冲泡咖啡喝的时候，可以一边喝一边说："果然还是你泡的咖啡好喝，为什么呢？"

关键在于让妻子知道，如果没有她平时为你付出，你简直活不下去。

稍显笨拙的丈夫更可爱

工作能力强、长得帅、会做饭、会收拾房间、从不发牢骚、还很会说甜言蜜语，这样的男性一定是所有女性的梦中情人吧。但如果真的与如此完美的男性生活在一起，幸福却不一定能够长久地持续下去。因为妻子很快就会感到"和如此完美的男性在一起生活没有意义",她会想,"对于他来说,我究竟算什么呢?"

人类的大脑需要与外界互动才能发挥功能。大脑通过环境(包括人)的变化来对外界进行感知,同时也能感知自己的存在。如果没有感知,大脑就无法进行思考和活动。也就是说,大脑是非常需要互动的器官,在大脑发育迅速的婴儿期,如果缺乏与外界的互动,大脑神经回路就无法正常发育。

人类之所以会有"寂寞"的感觉,就是因为与外界的互动对大脑来说非常重要。大脑中存在"寂寞"这个基调,大脑经常因寻求对于"寂寞"这个感觉的互动而活动。

因此,对大脑来说,"离开我就活不下去的没用男人""没有我就无法照顾自己的可怜女人"是非常合适的互动对象。因为自己的存在,让对方变得更好,让对方对自己充满感恩,这一点非常重要。

虽然每天都忙得要命,但只要有一个"吃不到自己做的咸菜就感觉一天没有开始"的丈夫,就会让妻子每天都充满干劲。这就是女性大脑的特点。

善于利用手机发送消息

对于有些男性来说,当面对妻子说出感谢的话是无论如何也做不到的。尤其是已经很长时间没怎么和妻子说过话,不知道应该说什么,夫妻双方没有共同话题。在这种情况下,使用手机短信和通信应用程序来作为交流的手段非常有效。

不过,对于平时收到妻子发来"回家时候顺便买点牛奶"的信息,也只会回复"好的"的丈夫来说,确实不知道应该发送怎样的内容。

比如妻子兴高采烈(或许)地发来这样一条消息:
"我今天中午吃的是冷面。"
丈夫看到这个消息之后肯定是不明所以,当然也不知道应该如何回复。

事实上，这是妻子使用"心灵的通信线路"发送的信息，只开通了"事实的通信线路"的丈夫看不懂也是理所当然的。翻译过来的话，意思就是："今天天气很热，你好好吃午饭了吗？我一下就想起你来了。"妻子想要传递的信息是"我总是挂念着你"。因此，丈夫只需要将自己这边的实际情况告诉妻子即可。比如"我正在满头大汗地吃咖喱猪排饭"。

出差时也是发送消息的好时机

丈夫也可以试着主动给妻子发送这种"日常信息"。比如在出差回来的新干线上，发送"我刚才经过小田原。车上坐满了人"。这条信息的内容完全是男性大脑最擅长的"事实"。但女性大脑在看到这条信息之后，却会解读为："已经过了小田原，很快就能到家了。出差这么多天可把我给累坏了，真想早点见到你啊。"

也可以透过车窗拍一张天空上云朵的照片发送给妻子。收到信息的妻子也会一边抬起头望向天空，一边将丈夫的信息解读为"我现在正在思念你呢"。

"好久没吃到你做的咖喱饭了，有牛肉和豌豆的那种。"收到这样的信息，妻子也会感到非常高兴。

"想吃咖喱饭了吗？那我得赶紧去买点豌豆才行。"然后妻子就会一边想象晚餐时全家一起吃咖喱饭的情景，一边开开心心地做准备。而且丈夫能够发送这样的信息，说明他能够体会到妻子在料理中投入的爱意，并且对妻子非常尊重，从而极大程度地提高妻子的好感。

无论怎样，只要能够将"无论我在什么地方都一直思念着你"的心情传达给妻子就算成功。

当然，这只不过是一种战略而已，并不需要真的在工作的时候无时无刻地想着妻子。只需要在坐车的时候、吃午饭的时候、工作告一段落休息的时候等有闲暇时想着给妻子发送一条信息即可。

但之前从没这样做过的丈夫，突然做出这样的举动反而会令妻子感到怀疑。如果妻子回信息询问"怎么了？"可以诚实地回答："我感觉最近都没怎么和你说过话。"虽然丈夫只是阐述了一个事实,但妻子的女性大脑却会将其解读为:"原来只是想和我说话啊,他有的时候还挺可爱的。"

如果实在不知道回复什么内容就重复对方的信息

妻子发来的让人不知道如何回复的信息,其实是妻子想要与丈夫建立心理通信线路的尝试,所以必须回复。但不必把回复看作是多么困难的事情。

比如妻子发来信息说"等了半天也没有公交车",可以回复"去××地方的公交车总是晚点呢,辛苦你了"。如果妻子发信息说"下雨了,好讨厌啊",可以回复说"下雨了啊!路上小心"。像这样重复妻子说的话即可。因为对女性的大脑来说,这种共鸣才是最重要的。

如果妻子发来信息说"没有公交车",结果丈夫回复信息说"因为早高峰期间比较堵车。明天再早点出门就好了",那么就没有起到共鸣的效果,而只是用"事实的通信线路"给妻子提出了建议。但妻子实际上希望与丈夫建立的是心理的通信线路。

买礼物回家

还有一个提高妻子好感度的方法,那就是买礼物。对于不善言辞,甚至连信息也不好意思发送的男性来说,买礼物是最切实可行的方法。

平时买的礼物不必选价格太昂贵的,最好选好吃的食物,在一个普通的日子里送给妻子。一般来说,结婚纪念日和妻子生日的时候送礼物是肯定的。因此,在普通的日子送礼物,反而会让妻子觉得"平时也会给我送礼物,看来心里一直想着我呢"。

下班回家时在路过的商店买一盒小点心就好。但要想更进一步取悦重视过程的女性大脑,可以挑选那些需要提前预约或者排队才能买到的热门商品和限定商品,这样会让妻子更加高兴。或者像"以前你说过××家的豆沙面包好吃,我今天正好路过给你买了一份",这样让对方知道你将她以前不经意间说过的话也记得清清楚楚,更能够增加礼物的效果。

女性不但喜欢礼物，更喜欢"有意义"的礼物。虽然豆沙面包很普通，但因为丈夫记住了自己随口说的一句话，这就会使妻子感到其中饱含的爱意。如果能够像这样每个月给妻子送 1～2 次礼物，就能极大程度地提高妻子对自己的好感度。

事先准备一个"幸福礼物"

送礼物的这个方法在夫妻双方吵架之后还可以作为缓解关系的有力武器。

有时候夫妻双方可能只是从拌嘴开始，但互不相让，结果发展成严重的争吵。一般来说，丈夫应该正面听取妻子的牢骚和抱怨（即便你认为那是蛮不讲理的说辞），但如果妻子说出"我再也不想看见你了"的时候，丈夫应该立刻离开家。

这样做可以使夫妻双方都有时间冷静下来，而且妻子说出"我再也不想看见你了"，然后自己离开家的话，会显得十分狼狈，所以丈夫应该主动离开，这样显得更有绅士风度。

在外面消磨 1～2 个小时之后,回家的路上可以在便利店或者超市里买点小礼物。

这个礼物最好是两个人都喜欢的"幸福礼物"。

一旦你们设定了某个东西作为"幸福礼物",那么今后每当夫妻吵架的时候,这个礼物都将发挥巨大的作用。接下来我就为大家说明设定"幸福礼物"的方法。

① "幸福礼物"可以是牛奶巧克力,也可以是奶油蛋糕,还可以是红豆馅饼,总之最好是在家附近的便利店或超市之中能够轻易买到的东西。

② 一边对妻子说"我以前就很喜欢吃这个东西,每次吃到都会有种幸福的感觉",一边推荐给妻子,让她也尝尝。

③ 在这个时候,可以顺便打听一下妻子有没有每次吃到都会感到很幸福的点心。

④ 如果妻子有心的话,以后肯定会经常买这个点心回来吃。当然,丈夫也应该经常给妻子买她喜欢的那

个点心。

⑤ 被选中为幸福礼物的这个点心，可以在约会时、旅游时、在家休息时都准备一些。

通过上述方法来设定"幸福礼物"（如果妻子有自己非常喜欢的点心，那就更好了），每当妻子消沉时、忙碌时或者疲惫时，都可以送这个礼物给她。

如果妻子问"怎么又是这个？"可以回答说："因为每当我和你一起吃这个的时候就会有种非常幸福的感觉。"

如果这种方法实在是用了太多次导致原定的"幸福礼物"失去效果，那么在紧急时刻可以选择便利店里新上市的甜点或者最昂贵的冰激凌、限定冰激凌来临时应急。

之所以选择甜点和冰激凌，是因为甜味能够促进人体分泌被称为幸福荷尔蒙的血清素，缓和大脑的紧张情绪。

买好礼物回到家里之后，不管两人吵架的原因是什么，都要先向妻子道歉："让你生气了，对不起！"安慰妻子受伤的心，然后将礼物交给她。看到丈夫回到家中，妻子之前的担心和不安会转变为安心，再看到丈夫给自己带来的幸福礼物，妻子的心情会变得平静下来。这样基本上就能化解之前的争吵。

这是将吵架打开的消极开关变为积极开关的魔法。

3 无论多大年纪都爱听甜蜜情话的女性大脑

绝大多数的男性都不擅长称赞妻子。

原因之一在于男性的大脑拥有很强的空间认知能力，因此在延伸感上也远远强于女性。所谓"延伸感"，指的是男性能够像使用自己身体的一部分一样使用周围的物品，比如驾驶汽车、使用工具，男性都像是在操控自己身体的一部分一样。而对于长期生活在一起的妻子，丈夫也会将其看作是自己身体的一部分。

就像没有人会特意称赞自己的右手一样，丈夫也不会一直称赞自己的妻子。就像没有人会对自己的右手说"我爱你"一样，丈夫也不会一直对妻子表达自己的爱意。

但对于缺乏延伸感的女性大脑来说，因为没有合为一体的感觉，所以需要通过"甜言蜜语"来确保双方之间的联系，但男性却完全无法理解女性的这种心情。

因为妻子已经成为丈夫身体的一部分，所以在丈夫看来，一体化的程度越深越没有表达爱意的必要，就算妻子每天都认真地做饭,丈夫也不会说"真好吃",就算妻子每天都努力地做家务,丈夫也不会夸奖说"真能干"。

但请诸位男性读者想一想,如果这个被你当作身体一部分的妻子离你而去,你一定会感觉自己好像缺少了一些什么吧。因此,请偶尔也对妻子表达一下自己的爱意吧,作为送给妻子的礼物。

在幸福的时刻称赞妻子

对自己的感受十分敏感的女性大脑,认为称赞自己重视的人、对其说甜言蜜语都是"爱的证明"。当然,女性也期待对方能够用同样的称赞和甜言蜜语来回报自己。

有一点需要注意,那就是男性大脑和女性大脑对赞美之词有不同的喜好。比如以对象为基准,把握自身所处位置的男性大脑,喜欢用比较形式的"最"来称赞对方。在与许多人进行对比之后,"你是最……",这样的称赞会使男性感到非常高兴。

而女性大脑喜欢的是唯一、独一无二的感觉。男性因为自己喜欢比较，所以经常对女性说"你是最漂亮的"，但这种称赞因为有比较的存在，所以并不会使女性感到愉快。

"只有和你在一起的时候，我才感觉生命有意义。""你就是我的唯一。"这样的赞美最能够直接击中女性的心。

赞美要把握正确的时机

前一天晚上刚吵完架，第二天早晨为了缓和气氛，对一脸不爽的妻子说"你真漂亮"，只会使妻子感到更加生气。赞美也要把握正确的时机。

选在妻子感到幸福的时候对她进行赞美，是必须牢记的铁则。比如妻子打扮得很漂亮和丈夫一起去餐厅吃饭，丈夫就可以对穿着白色连衣裙的妻子说"你今天可真美"，这样一定会让妻子感到心花怒放。

夸奖妻子早晨做的饭好吃也一样，当妻子认认真真地准备了丰盛的早餐时，可以说"每天都能吃到你做的早餐真幸福啊！"但如果妻子早晨忙不过来，手忙脚乱地应付了一餐，丈夫还说这样的话，会让妻子认为是在讽刺她。

从战略上来说，赞美并不是能够将消极变为积极的起死回生的杀手锏。但如果在对方感到幸福的时候对其进行赞美，这种锦上添花的效果会比预想中要大得多。

向欧美的男性学习，保持绅士风度

每天说一次"我爱你"，早晨出门之前亲吻妻子，在餐厅吃饭时让妻子坐在里面的位置，下楼梯的时候伸手扶着妻子，帮妻子拿重物，在妻子耳边说"你好美"……这些都是欧美男性日常的生活习惯。

或许有人认为，现在明明提倡男女平等，为什么在这些时候又要优待女性。实际上，人类女性作为哺乳类动物每次生育的后代个体数量很少，而且生育危险极高，所以如果在自己的种群中得不到优待的话，就无法安全地完成生育任务。也就是说，女性希望"得到偏爱""受到重视"，并不是爱慕虚荣，也不是恋爱特权，只是迫不得已的生存本能而已。而欧美男性以女士优先为行为准则，可以说完全符合女性大脑的这一本能。

本来男性大脑就没有女性期待的那种"无微不至的关怀"功能。这种功能是需要经过后天的学习和培养才能具备的。欧美的男性也不例外，他们的绅士风度并不是与生俱来的，而是从小被母亲教育出来的。因此，即便是欧美的小学男生，在坐公交车的时候也会主动给女性让座，在餐厅吃饭的时候让女性先坐。

日本的男性也应该向欧美的男性学习，培养自己的绅士风度。"与妻子一起走的时候，让妻子走在道路的内侧"，"下楼梯的时候注意妻子的脚步"，"去餐厅和咖啡厅的时候让妻子坐在里面"，"去餐厅和咖啡厅的时候让妻子先坐"，"帮妻子打开门"……男性只要让自己保持这样的绅士风度，妻子就会认为丈夫的这种温柔是对自己的爱，这样就能极大程度地降低出门在外时惹妻子不快的概率。此外，培养自己的绅士风度，也能够使男性看起来更加干练、充满自信。

喜欢甜言蜜语的女性大脑

女性大脑喜欢某些特定的话语。尤其是对丈夫一心一意的妻子，总是会反复地问丈夫"你喜欢我吗？""如果没有我的话会不会感到寂寞？"之类的问题。丈夫只要每次都回答"当然最喜欢你了""当然会寂寞了"这种固定的答案就好。有些特立独行的男性，喜欢用"喜不喜欢呢？""会不会呢？"这种模棱两可的回答来应付妻子，但在这样的问题上打马虎眼并不是正确的做法。因为女性的大脑非常喜欢反复品味这种固定的回答，并从中感到幸福和快乐。

比如女性之间经常有如下这样的对话。

"你今天这个口红的颜色真漂亮！"

"真的吗？是不是太鲜艳了？"

"不鲜艳，显得你皮肤很红润呢。"

"太好了。因为正好到了春季，所以我特意买的新口红。"

"很好啊，非常漂亮！"

这就是反复重复同一个答案的典型例子。

因此，只要妻子没有对丈夫感到厌烦，就会一直反复地问"你喜欢我吗?""你爱我吗?"也就是说,如果妻子总是问同样的问题,说明她非常喜欢你。

在对方投出变化球之前用直球来一决胜负

直接询问"你爱我吗?""你喜欢我吗?""我可爱吗?"的妻子,属于比较单纯的类型,这种类型的妻子还比较好应对。让男性难以招架的,是明明希望得到固定的答案,却用变化球来进行提问的妻子。事实上,绝大多数的妻子提出的问题都是变化球。比如忽然变得态度冷淡,心情不好,不爱说话,然后询问"是不是我对你来说怎样都无所谓?"或者"你对我一点也不感兴趣吧?"甚至还有"我可不是你的妈妈""你只要有个保姆就行了吧"的升级版。

但实际上,她们想要得到的答案只有一个,那就是"你对我很重要,我非常爱你"。

如果妻子带着一辈子的怨气说:"你吃我做的饭吃了几十年,一句感谢也没说过。到底是好吃还是不好吃,你说句话啊!"丈夫应该回答:"你做的饭,是我每天努力的动力源泉。每当我疲惫不堪或是压力重重的时候,只要吃了你做的炖牛肉就会立刻精神百倍。真的非常谢谢你。"像这样说话,可送给妻子一辈子的甜蜜。

也就是说,无论妻子是用直球提问还是用变化球提问,她们想要得到的答案都是丈夫的"甜言蜜语"。

不过,即便知道这一点,男性仍然很难将甜言蜜语说出口。在这种情况下,绅士风度就派上用场了。在妻子用难以回答的问题索要"甜言蜜语"之前,抢先用直球将甜言蜜语送出去。

像欧美的男性那样,直接对妻子说"我爱你""我最喜欢你",效果最好,但如果实在说不出口的话,说一句"谢谢"也可以。

4 即便这样也不要离婚的理由

将本书看到这里之后,诸位有什么感受呢?是终于理解了妻子的无理取闹,还是觉得女人这种生物果然不可理喻?要投入时间和精力去讨妻子的欢心,即便如此还一定会被当成发泄压力的目标。或许离婚才是最明智的选择?

现在结婚 20 年以上的夫妻离婚的情况越来越多。根据厚生劳动省发表的数据,结婚 20 年以上的夫妻离婚的人数在 1985 年为 20434 对,但到了 2015 年这个数字就变成了 38641 对。也就是说现在老年夫妻的离婚人数是 30 年前的近 2 倍。如果只看结婚 30 年以上的夫妻离婚的人数,这个数字更是惊人的 4 倍。

离婚的原因,除了出轨、欠债、暴力/冷暴力、经济限制等比较客观的理由之外,还有一起生活很长时间的夫妻之间才有的问题。

最典型的就是"没有信心在今后的日子里和这个人一直生活下去"。倘若人生有 100 年,60 岁退休之后还有 40

年的人生。当中年人开始思考自己在今后这么漫长的岁月里"是否还能和这个人一起生活下去"的时候,越来越多的人选择离婚过自己想要的生活。

下面我来给大家列举几个妻子认为"无法一起生活下去"的理由。

▸ **丈夫在家里会感到有压力**

丈夫退休之后,每天都在家里待着,之前没有注意到的生活习惯上的差异使妻子很有压力。

▸ **性格不合**

虽然当初结婚时候就知道两人性格不合,但因为生活压力和孩子一直忍耐着。但在丈夫退休之后两人相处的时间变得越来越多,妻子终于忍耐不下去了。

▸ **没有交流**

孩子在家的时候并没有意识到这一点,但孩子长大成人离开家之后，这个问题就显现了出来。夫妻之间缺乏交流不仅使妻子感到非常寂寞，而且也不知道两个人继续一起生活下去还有什么意义。

▷ 价值观不同

随着年龄的增加，价值观上的差异也越来越大。

▷ 老人的护理问题

一般来说，家庭中妻子承担的护理工作更多一些。但妻子付出的这些辛苦却得不到应有的感谢。很多妻子长久以来对丈夫和公婆的怨恨会一下子爆发出来，最终决定离婚。

▷ 对家务的不满

丈夫退休之后可以在家悠闲度日，但妻子却永远也没有退休的一天。丈夫在家不但不会帮忙做家务，反而还给妻子增加了许多家务。不仅如此，丈夫还总是在妻子做家务时指手画脚。

上述这些都是导致妻子想要和相伴多年的丈夫离婚的原因与理由。对于妻子来说，并不是因为一两次的小事就产生出离婚的念头，而是丈夫退休、孩子独立、照顾老人等问题将之前累积的消极开关一下子全都打开的结果。

"完成义务"的爱无法打动女性大脑

对丈夫来说最大的问题是，男女大脑对"爱情的证明"的理解完全不同。

对于男性大脑来说，爱情的证明，就是完成义务。就像小学生对上小学这件事没有任何质疑。小学生不会考虑"这是为了将来所必须做的事"或者"喜欢上学"之类的事情。男人的爱，与之非常相似。

而小学也不会背叛小学生。不管什么样的小学生，小学都不会对他说"你好像不喜欢上小学，今天的午饭没有你的份"。只要小学生来到学校，就能在教室里找到自己的座位，每天都能吃到好吃的午饭和零食。男性理想中的女性的爱也是如此。因此，男性无论刮风还是下雨，无论是否还留有严重的宿醉，都会坚持去上班，然后按时回家，将工资交给妻子。这就是男性表达"爱"的方法。

但女性这个"小学"却不像真正的小学那样默默地包容一切，而是会擅自揣摩男性的心理，一旦男性没有满足自己的想法，就会认为男性"没有诚意""没有真心"，然后将男性赶出教室，或者不给他吃午饭。女性这所小学确实非常过分。

女性大脑的风险规避能力能够拯救丈夫

虽然女性这所小学如此过分，但对男性来说还是不要离婚更好。首先，离婚男性和不离婚男性的寿命有非常明显的差异。根据《人口学研究》第33期"日本配偶关系与健康剩余寿命"的研究结果，与妻子离婚的男性比没有离婚的男性，40岁之后的健康剩余寿命平均少大约10年。

根据东洋经济在线"为什么离婚男性疾病死亡率更高？"的报道记载，对已婚、未婚、丧偶、离婚这4种男性的死因与死亡率进行对比，发现在病死、意外事故、自杀等所有死亡原因中，离婚男性的死亡率比另外 3 种高出许多。在因病死亡的情况下，离婚男性在所有种类的疾病中死亡率都最高，其中因糖尿病死亡的离婚男性数量是不离婚男性数量的 10 倍以上，因肝脏疾病死亡的数量在 8 倍以上。由此可见，离婚后的男性普遍存在生活不规律、饮食不健康以及酗酒的情况。

此外，丈夫对妻子心理上的依赖程度也很高。根据日本内阁"第七次老年人生活与意识的相关国际比较调查"对"心灵支柱之人"的调查结果，日本人男性心理上最依赖的人是配偶，占 78.8%，排在第二位的是子女（包括养子/女），占 48.3%，两者之间的比例相差接近 30%。而日本人女性心理上最依赖的人是子女（包括养子/女），占 65.0%，第二位才是配偶，占 54.0%。

日本、美国、韩国、德国、瑞典这 5 个国家公布了调查结果，其中韩国、德国、瑞典的男性在心理上也最依赖配偶。没有任何一个国家的女性将配偶放在第一位。

女性的感知能力远远超出自身的想象，女性能够在无意识之中感知自己关注对象的细微变化。

这种细致入微的感知能力，使得女性能够了解婴儿的健康状态，以及孩子和丈夫的潜在疾病，还能轻而易举地看穿谎言。也就是说，女性大脑的风险规避能力在很多情况下能够拯救丈夫的生命。

爱唠叨是因为想要一起生活

女性大脑的风险规避开关会在全天24小时保持开启状态。"你刷牙了吗？""你洗澡了吗？""不要在沙发上睡觉，要睡就去床上睡""第一口先吃菜""啤酒别喝得太多""不要吸烟""不能把热锅直接放在桌子上""洗完澡出来的时候记得打开换气扇"……妻子在家总是事无巨细地发出各种各样的要求和命令。

可能很多丈夫都觉得妻子很唠叨，但妻子之所以这么唠叨，是因为想要和丈夫长久地一起生活下去。如果不好好刷牙导致牙齿出现问题，不仅会导致牙齿掉落，还会增加患心脏疾病和糖尿病的风险。如果把热锅直接放在桌子上，时间久了，桌子就会掉漆、开裂，无法长期使用。

妻子是丈夫的守护神。

女性喜欢心有灵犀的爱，喜欢得到称赞和认可，希望自己被当作独一无二的存在，还喜欢听甜言蜜语。在男性看来这些都是麻烦事。但女性闹别扭、发脾气、爱唠叨，这些都是爱的证明。诸位男性朋友，就算是为了帮助自己规避风险，也希望你们能够经常安抚一下自己的妻子。

后记

最优秀的丈夫

在本书的开头,我说写这本书的目的是将妻子发射的"子弹"数量减少一半。为什么不是减少到 0 呢?

因为从脑科学的角度来说,"优秀的丈夫"应该偶尔承受妻子的怒火。

女性为了完成家务和育儿等任务,需要关注生活中的一切信息和细节。因此,大脑也会积累非常多的压力。尤其在孕期和哺乳期的女性,由于激素分泌的剧烈变化,除了心理上的压力之外还承受着非常大的生理压力。

因此,女性总是在寻找机会将积累的压力释放出去。在这种情况下,如果丈夫做了什么让她感到不爽的事情,妻子就会趁机发泄压力。

如果丈夫一切都表现得非常完美,让妻子找不到任何发泄的借口,那么发泄的目标就会转向孩子,或者重新返回到妻子自己身上。一个优秀的丈夫,除了在绝大多数的时候都很可靠之外,也要偶尔表现出笨拙的一面,让妻子有机会发泄压力。

妻子对丈夫发火,不一定每次都是丈夫的错。因此,无论丈夫怎么思考原因,怎么改善自己的言行,都无法彻底避免惹妻子发火。事实上,有时候女性只是因为想要发火(发泄)而发火。就连女性自己都没有意识到这一点。

从这个角度来说,女性确实是不讲道理的生物。

但因为女性承担着比丈夫多五六倍的家务,而且需要时刻关注家中的一切细节,所以很容易积累压力。如果从这个角度来说,女性的这种压力宣泄也是非常合理的。

如果丈夫能够帮忙解决家务并且经常和妻子亲密地交流,那么妻子发泄压力的次数就会减少。但如果丈夫在家务上一点也不帮忙,也不和妻子交流,那么妻子发泄压力的次数就会增加。虽然不和女性一起生活就能够避免成为压力发泄的对象,但所有的事情都要自己做,很多时候甚至会失去人生意义。男性的人生就是上述 3 个选项的其中之一。你会选择哪一个呢?

我们在形容一个人生气的时候经常会用到一个词叫作"大发雷霆",妻子对丈夫发泄压力其实也和大发雷霆很相似。

因为,雷霆总是会落在"最高的地方"。

之所以非常多的妻子都认为丈夫最让自己感到生气,是因为丈夫在她们的心中位于最高的地方。她们对丈夫拥有最高的期待和最多的要求。

这种不讲道理的怒火也是无尽爱意的证明。

夫妻之间的关系非常耐人寻味。

曾经海誓山盟、至死不渝的誓言,似乎就是真正的"爱情"。但随着婚姻生活的持续,两人在一起生活20年、30年之后,"不讲理的怒火"和"无奈的苦笑"逐渐成为生活的主旋律,给婚姻生活注入新的活力,这是只有夫妻二人才能理解的"爱情"。

虽然和结婚初期,认为"没有这个人就无法活下去"这种充满爱意的心情完全不同,但现在我仍然认为"没有这个人就无法活下去"。能够包容妻子的无理取闹，让妻子可以肆无忌惮地发泄自己的压力，随心所欲地放声大哭，这样的丈夫，对妻子来是说不可或缺的、独一无二的存在。

虽然在育儿的繁重压力下，可能很多妻子都有过"不愿再和他一起生活"的想法，但在那个时候，没有放弃真是太好了。在那个时候，没有被放弃真是太好了。

这是许多婚龄超过 35 年的妻子最真实的感受。婚姻生活的路上虽然有时天晴，有时刮风下雨，但只要坚持下去，你就会发现在最后的山路上盛开着意想不到的美丽鲜花。

衷心地希望今后走在这条道路上的夫妻们，都能够平安无事地通过这段既有苦难也充满了收获的道路。非常感谢您阅读本书。

最后，向为本书的创作提供宝贵建议的坂口千鹤致以最诚挚的感谢。

黑川伊保子

出版后记

为什么老婆总是一言不合就对我发火？为什么每次吵架都会翻出十年前的旧账，不断"攻击"？如何正确解读老婆发出的每一个信号？如何平息老婆的怒火？相信在婚姻中有很多老公们都会面临这样的问题，并且完全无法想出老婆发脾气的原因。

本书作者黑川伊保子是日本知名的脑科学家，她在工作中致力于探究人工智能，以及以脑科学的角度分析人类的行为模式，还利用AI（人工智能）分析的方式，开发出全球首创的语感分析法——"潜意识印象（Subliminal Impression）推导法"，是为营销界开拓了新境界的感性分析第一人。

在本书中，作者从老公们容易遭遇危机的老婆怀孕、生产、哺乳等的时期开始解说，女性在日常生活中更多地承担了家务和育儿等任务，会时刻关注家中的所有细节，大脑也会积累很大的压力。她以脑科学的角度解读女性大脑的结构，细致地解说女性在日常生活中的沟通方式和行为模式，深刻剖析老婆每一次发脾气背后的真正原因，以此来帮助更多的老公以脑科学为基础找到更合适的与老婆相处的方法和沟通模式，增加老婆的美好回忆，减少不愉快的回忆。

这本书不仅能够帮助老公更好地读懂另一半，也能够帮助老公更好地扮演好"老公"这一角色，大幅改善在家中的处境。

服务热线：133-6631-2326　188-1142-1266

服务信箱：reader@hinabook.com

大众编辑部

2022 年 12 月

图书在版编目（CIP）数据

如何理解老婆的脑回路 /（日）黑川伊保子著；朱悦玮译. -- 北京：中国友谊出版公司，2023.6（2023.7 重印）
ISBN 978-7-5057-5547-5

Ⅰ.①如… Ⅱ.①黑… ②朱… Ⅲ.①婚姻—通俗读物 Ⅳ.① C913.13-49

中国版本图书馆 CIP 数据核字 (2022) 第 161058 号

著作权合同登记号　图字：01-2022-6509

《TSUMA NO TORISETSU》
© Ihoko Kurokawa 2018
All rights reserved.
Original Japanese edition published by KODANSHA LTD.
Publication rights for Simplified Chinese character edition arranged with KODANSHA LTD. through KODANSHA BEIJING CULTURE. Beijing, China.

本书由日本讲谈社正式授权，版权所有，未经书面同意，不得以任何方式作全面或局部翻印、仿制或转载。

本中文简体版版权归属于银杏树下（北京）图书有限责任公司。

书　　　名	如何理解老婆的脑回路
作　　　者	［日］黑川伊保子
译　　　者	朱悦玮
取 材 · 原 稿	坂口千鹤
企 画 编 辑	株式会社童梦
出　　　版	中国友谊出版公司
发　　　行	中国友谊出版公司
经　　　销	新华书店
印　　　刷	天津联城印刷有限公司
规　　　格	889×1194 毫米　32 开 4.5 印张　75 千字
版　　　次	2023 年 6 月第 1 版
印　　　次	2023 年 7 月第 2 次印刷
书　　　号	ISBN 978-7-5057-5547-5
定　　　价	39.80 元
地　　　址	北京市朝阳区西坝河南里 17 号楼
邮　　　编	100028
电　　　话	（010）64678009

如何正确吵架

著者：[美]朱迪斯·莱特 / 鲍勃·莱特

译者：钟辰丽

书号：978-7-5113-7752-4
出版时间：2019年3月
定价：45.00元

你也许见过很多教你避免吵架、和谐沟通的婚姻指南，本书的主题却正好与之相反。莱特夫妇在对大量伴侣进行研究、提供咨询和培训的基础上提出，将无效争吵转变为高效率、有意义的争吵，借争吵之机发掘其背后隐藏的真正问题，才是促进亲密关系健康发展的关键方法。

吵架不可怕，可怕的是不知道为什么而吵，徒然让无效争吵一再损害伴侣间的感情。本书将教你分辨 15 种最常见的争吵类型，并介绍挖掘争吵的本质、将冲突转变为幸福的 6 个技巧。你将看到，某些通过主流文化深入人心的爱情理论是多么不可靠，能给双方带来真正幸福的亲密关系其实需要你们走下云端，在脚踏实地的冒险中获得。你们能走上持续幸福的道路，同时成为更好的自己，奥秘尽在每一次小小的争吵之中。

听懂另一半

著者：[美] 黛博拉·泰南
译者：吴筱

书号：978-7-5535-2229-6
出版时间：2021年6月
定价：49.80元

黛博拉·泰南在本书中分析了两性沟通失败的一个重要原因：男性和女性的沟通方式本质上是不同的。这种不同并非天生，而是在成长过程中建构的。女性使用的是建立联系的语言，更注重亲密性；男性使用的是确立地位的语言，更追求独立性。因此，在两性间的对话中，双方的首要目标并不一致。这种差异与感情深浅无关，却造成了不少误解，经常让双方都感到委屈。泰南会告诉你，了解了这种差异的起因和表现，你会更深入、全面地理解另一性的所思所感。

泰南整合语言学领域的研究，在本书中提供了大量来自现实生活会话的实例，你会在其中看到自身经历的影子。除了对两种沟通风格的基本解读以外，你还会读到两性对话中的打断现象、公开与私下沟通的差异、说教与聆听以及八卦行为的意义等引人深思的内容。

原生家庭生存指南

著者：[英] 奥利弗·詹姆斯
译者：康洁

书号：978-7-2101-1304-1
出版时间：2019年7月
定价：68.00元

家人对你的期待是否让你困扰？

你的生活中充满了嫉妒、竞争或不自信等元素吗？

与别人交往时，你是否总会陷入同一种破坏性的模式中？

作者将多年研究成果整合成本书，将人生最早的 6 年拆解开，为我们分别展示了一个人因何变得严厉或和善、冷淡或黏人、病态或健康。0～6 个月的主题是自体感与自我界限，理应感受到自我价值和能力，否则可能自恋或产生反社会心理；0～3 岁的主题是关系模式，理应养成健康的依恋模式，否则可能面临与人相处的问题；3～6 岁主要涉及良心，理应学会兼顾自己和他人，否则可能过于墨守成规或叛逆。通过阅读本书，读者可以解读自己的童年经历，认清真实的自己，探索出一套更健康的模式以处理原生家庭问题。